HECTOR-HOGIER

Paris à la Fourchette

(Deuxième Série)

Dessins d'ALBERT DE MONCOURT

PARIS

P. SEVIN ET E. REY, ÉDITEURS

8, BOULEVARD DES ITALIENS

1904

AVANT-PROPOS

La collection de croquis parisiens parue, l'an dernier, sous le titre de *Paris à la Fourchette* a été reçue par le public de la façon la plus obligeante du monde.

La Presse a bien voulu faire un accueil encourageant à ces feuillets qui, selon l'aimable expression de l'un de nos confrères les plus qualifiés, « ont l'art d'évoquer en se jouant, sont très renseignés quoique sans pédanterie » et constituent de « l'érudition bon enfant ».

Enfin, les personnalités qui par leur situation, par les mandats électifs ou les

HECTOR-HOGIER

PARIS
à la fourchette

(Deuxième Série)

Dessins d'ALBERT DE MONCOURT

PARIS

P. SEVIN ET E. REY, ÉDITEURS

8, BOULEVARD DES ITALIENS

1904

Paris à la Fourchette

(Deuxième Série)

hautes fonctions qu'elles exercent, par les travaux auxquels elles ont attaché leur nom, ont conquis le « bâton de Maréchal » dans l'armée du Vieux-Paris — dans les rangs de laquelle le signataire de ces lignes n'est qu'un simple tirailleur — ces personnalités nous ont fait l'honneur des plus précieux témoignages de bienveillance.

C'est à l'abri de ces encouragements et sous leur patronage que nous plaçons cette nouvelle série de « bouchées » parisiennes.

Que les lecteurs veuillent bien n'avoir pas pour elles... la dent trop dure !

H. H.

Le couvent des Augustines bâti sur l'emplacement des Arènes
de Lutèce et démoli en 1883.

D'après un dessin de M. Maurice du Seigneur.

Paris à la Fourchette

DEUXIÈME SÉRIE

LES ARÈNES DE LUTÈCE

En fouillant le sol. — Les Parisiens dressent l'oreille. — Visite impériale. — Dix mille pèlerins. — « Je suis M. Thiers ». — Le dôme des Dames Augustines. — Madame Blanc, de Monaco. — Reprise des fouilles. — Pour ennuyer Béziers et pour faire plaisir à M. Saint-Saëns.

Nîmes et Béziers n'ont qu'à se bien tenir... Voilà qu'il est fortement question dans les « sphères » municipales, d'achever l'œuvre de dégagement des arènes de Paris, dont une partie seulement à été mise à jour et dont les gradins, convertis en terrasse, ont été aménagés en manière de square, d'un aspect assez réussi, d'ailleurs. Le reste de l'amphithéâtre est encore enfoui sur des terrains appartenant à la Compagnie des Omnibus qui y a installé l'un de ses dépôts de voitures.

L'Académie des Inscriptions et Belles Lettres va, à ce sujet, être saisie par l'un de nos plus savants « Parisiens de Paris », M. Edgar Mareuse, d'une communication de la Société des Amis des Monuments parisiens.

*
* *

On sait que c'est en 1870, lors du percement de la rue Monge, qu'eurent lieu en cet endroit les premières découvertes intéressantes qui firent dresser l'oreille aux Parisiens : blocs de pierre, bijoux, colliers de l'époque gallo-romaine.

Le 15 avril 1870, jour du Vendredi-Saint, l'empereur, accompagné du général Bourbaki, vint fumer une cigarette sur le terrain des fouilles. La foule le suivit et, à la fin de juin 1870, on évaluait déjà à dix milles personnes le nombre des « pèlerins » alléchés par les découvertes qui se succédaient à l'ancien « Clos des Arènes ».

La guerre survint, et les deux sièges de Paris firent pientôt oublier les Arènes de Lutèce.

En 1873, un soir du mois de juin, M. Thiers s'y présenta à l'improviste et comme un sergent de ville lui en refusait l'entrée : « Je suis M. Thiers, député de Paris ; je voudrais bien vous voir m'empêcher d'entrer ! », reprit-il, en se dressant sur ses petits ergots.

Le gardien s'inclina et M. Thiers put fouiller tout à son aise le vieux sous-sol parisien des Arènes.

Il y revint souvent, par la suite, accompagné de son inséparable Barthélemy Saint-Hilaire.

*
* *

Dix ans plus tard, on repartit sur un nouveau pied et les fouilles prirent une extension considérable. Pour les continuer on acheta, grâce aux avances de la famille Blanc, de Monaco, le vieux couvent des *Dames Augustines*, dont le cloître s'ouvrait au fond d'un étroit escalier communiquant avec une rue passablement sinistre, portant le nom de Navarre et qui, à son autre extrémité, allait se butter contre les rébarbatives murailles de Sainte-Pélagie.

Madame Blanc avait rêvé d'établir là une sorte de musée à l'usage de ses collections d'objets d'art et de meubles précieux. Mais une société d'entrepreneurs survint, qui fit un pont d'or à Madame Blanc, et la vieille chapelle des Dames Augustines fut détruite, tandis que le sol de leur jardin, plein de lilas au printemps, plein de roses en été, devint un chantier de démolitions et de saccage.

Nous nous rappelons parfaitement avoir assisté aux environs de 1883, au premier coup de pioche donné dans le dôme de la modeste chapelle que les bonnes sœurs virent tomber avec un gros serrement de cœur.

*
* *

C'est précisément sur le sol de ce sanctuaire que l'on découvrit bientôt la porte qui sert aujourd'hui d'entrée principale aux Arènes parisiennes.

Reste maintenant à s'attaquer au gros morceau : celui que la *Compagnie des Omnibus* détient dans ses sous-sols ; mais elle fait la renchérie, la Compagnie, et si nous n'étions à la veille d'un renouvellement de concession, ce serait à désespérer d'aboutir.

Allons ! Messieurs de la Compagnie, un bon mouvement... Lâchez le morceau ! Permettez à la capitale de s'élever à la hauteur de Béziers. Laissez Paris avoir ses arènes... *Quo Vadis* y serait encore mieux à sa place qu'à la Porte-Saint-Martin, et M. Camille Saint-Saëns n'aurait plus besoin de faire chaque année, au mois d'août, — alors qu'il fait bien chaud ! — son méridional pèlerinage pour faire applaudir ses belles productions « d'après l'antique »...

———

UN COIN BIEN PARISIEN

On vient de jeter bas le café de la Porte-Montmartre qui, de temps immémorial occupait l'angle du houlevard en face de ce cap, difficile à franchir que, dans un moment de mauvaise humeur, Emile de Girardin baptisa du nom de « Carrefour des Ecrasés ».

Le café de la Porte-Montmartre, un doyen parmi ses congénères parisiens, avait été fondé sous Louis XV et, pendant près d'un siècle, il jouit, dans le monde où l'on s'amuse, d'une vogue à nulle autre pareille. Sous le premier Empire, le café de la Porte-Montmartre brûla de fond en comble par la faute d'une *jolly girl* de l'époque, une « Demoiselle » Richard, de galante et imprudente mémoire et qui tenait là... table ouverte.

Le feu purifie tout. Promptement restauré, le café de la Porte-Montmartre devint un établissement correct et sévère. Il servait, en dernier lieu, d'asile à nombre de cénacles intimes qui s'y réunissaient à époques fixes et où l'on discutait après boire, entre amis, de choses littéraires.

C'était également le lieu de réunion des « Guêpins », ces parisiens d'Orléans de caustique réputation, dont on a pu dire qu'ils piquent comme les guêpes sans faire jamais de blessures profondes...

Les « Guêpins » — Société amicale des Enfants d'Orléans habitant Paris, — vont être obligés de transporter ailleurs leur ruche bourdonnante...

Paris n'ayant pas de Mont Hymette et Montmartre étant déjà pris — ô combien ! — peut-être les abeilles orléanaises iront-elles du côté de Montparnasse à la suite de MM. Jules Lemaître et Lavedan, à moins que, pour faire plaisir à M. Rabier, ce soit à Mont...Rouge.

Si les deux premiers sont enfants chéris des Muses, le dernier est député d'Orléans et enfant chéri de la victoire... électorale. Tous trois enfin sont des « Guêpins » de marque.

LA GARE DU NORD

La Compagnie du Nord vient de livrer au public la nouvelle gare qu'elle à fait édifier, en bordure du faubourg Saint-Denis, pour les trains de banlieue. Du coup la superficie totale de la gare se trouve presque doublée.

Nous voilà loin de « l'embarcadère » à *deux* voies, à deux arcades et à deux quais, qui faisait l'admiration de nos pères et qui fut solennellement inauguré le 25 juin 1846 sur des terrains dépendant de l'enclos Saint-Lazare, à l'emplacement presque exact de l'ancien *Logis du Roi,* où se rendaient habituellement les Rois et les Reines pour y recevoir le serment de fidélité des habitants de Paris avant de faire leur entrée dans cette ville et où l'on déposait leurs cercueils avant de les conduire à Saint-Denis.

Une première transformation de la gare du Nord fut opérée en 1863. L'ancienne façade fut transpor-

tée, pièce par pièce, à Lille où on l'a réédifiée. Le
« hall » central nouveau donnait accès à neuf voies,
— il y en a trente aujourd'hui, — derrière l'immense
fronton que décorent encore les statues monumen-
tales dues au ciseau de Cavelier, représentant les principales villes du réseau.

Dans une curieuse brochure, écrite en 1867, M.
Léon Say s'extasiait déjà sur l'immensité des proportions du grand « embarcadère » parisien. Qu'en
dirait aujourd'hui l'éminent économiste devenu
député, sénateur, ministre, académicien, et... admi-
nistrateur de la Compagnie du Nord?

Il aurait dû prévoir, cependant, que les gares ne
seraient pas les derniéres à s'aiguiller... sur la voie
du progrès.

LE « RICHE » EN MAL D'ARGENT

Le café Riche a eu des malheurs. Il a dû fermer ses portes pour cause « d'inventaire », euphémisme procédurier qui, le plus souvent, sert à gazer la fâcheuse déconfiture.

A ce propos rappelons que ce même café Riche eut déjà maille à partir avec l'éteignoir de l'autorité.

C'était au temps où, autour de la table ovale qui occupait le fond de la grande salle, se réunissait chaque soir un cercle littéraire et artistique dont les principaux partenaires étaient Villemessant Henry Murger, Monselet, Offenbach, Saint-Victor, About... d'autres encore.

Que d'esprit dépensé autour de cette table ! Que de feuilletons rédigés au sortir d'une première ! Les joutes oratoires s'y prolongeaient si tard qu'un beau soir, par ordre supérieur, les lustres, trop strictement réglés sur le chronomètre de la police, furent brusquement éteints...

Que firent les chevaliers de la table ovale pour continuer de voir clair dans leurs discussions ?

A partir de ce jour, ils apportèrent des bouts de bougies qu'ils allumaient au moment où la salle se trouvait plongée dans l'obscurité, et de la discussion jaillissait sinon la lumière, du moins de précieuses étincelles.

Si encore cela avait été des « bouts de chandelles » ! Le « Riche » aurait pu faire des économies...

Il renaîtra, dit-on, de ses cendres, mais il ne sera plus qu'une brasserie.

Pauvre « Riche » !

PARIS PROTÉE

Tout un quartier nouveau est en voie de formation, à deux pas de la place Clichy, sur d'immenses terrains contigus au cimetière du Nord et que couvrait naguère un véritable labyrinthe de ruelles tortueuses et de « cités » sordides où l'air et la lumière ne pénétraient jamais.

Le passage des Deux-Nèthes, la cité Capron, l'impasse Clichy ont successivement disparu et sur leur emplacement va passer une large et belle voie en bordure de laquelle la Ville a déjà élevé une succursale monumentale du Mont-de-Piété et l'*Ecole professionnelle et ménagère,* cette nouvelle Sorbonne de la couture, de la cuisine et de la comptabilité commerciale, dont le but est d'éviter aux jeunes filles les inconvénients de l'apprentissage.

A l'angle de cette rue nouvelle et de la rue Caulaincourt, tout près — beaucoup trop près — du cimetière Montmartre, un hippodrome a pris la place d'un vieux chantier de bois et de quelques « courettes », comme on dit dans le Nord, décorées du titre de « cités ouvrières ».

En 1869, un groupe de capitalistes proposa à la Ville de faire édifier là une gare monumentale à deux corps de bâtiments et à six voies, et destinée à servir de *terminus* à la ligne qui devait réunir Paris au cimetière projeté de Méry-sur-Oise.

Les enquêtes nécessaires furent faites et les projets étaient assez avancés quand survint l'Année terrible.

On ne songea plus à la nécropole suburbaine et la question fut... enterrée.

Quel sera maintenant le sort du nouvel Hippodrome ? Nous fera-t-il oublier ses deux frères aînés du pont de l'Alma et de la place d'Eylau ?

C'est le secret des Auriol, des Léotard, des Chocolat et des Footitt de l'avenir...

LA GRENOUILLÈRE

C'est sous cette dénomination caractéristique que l'on désignait encore, au commencement du siècle dernier, une sorte de marécage s'étendant sur la rive gauche de la Seine, en face des Tuileries, et qui servait de port aux *trains* de bois flotté.

En 1707, on commença de construire sur la *Grenouillère*. Charles Boucher, seigneur d'Orsay, — le beau-père de la charmante « Vestale » de Raoult, dont l'original se trouve au musée de Bordeaux et que M. de Nolhac vient de restituer, pour le plus grand plaisir des yeux, au Musée de Versailles, — d'Orsay venait de poser la première pierre du quai qui a porté son nom et l'a transmis a la caserne, occupée, en dernier lieu, par un beau régiment de « Gros-Frères ».

Avant que cette affreuse bâtisse fût affectée aux gardes du corps, on voyait là le « bureau des voitures de la Cour », chargé de desservir les endroits où résidait sa Majesté : Versailles, Saint-Germain-en-Laye et même Fontainebleau et Compiègne.

Les prix pour le public étaient de trois livres 10 sols, pour Saint-Germain et Versailles et de neuf livres 10 sols pour Fontainebleau. Pour Compiègne, le prix était à « débattre ».

Ce coin du quai était donc bien voué, par destination, à servir d'embarcadère et de débarcadère...

Est-ce pour cela que la Compagnie d'Orléans s'y est installée ?

Sur l'emplacement du Conseil d'État et de la Cour des Comptes, on voyait jadis un dépôt de pompes à incendies, un magasin de tourbes « pour toute sorte de chauffage » lisons-nous dans un almanach de 1788, enfin les bains de vapeur du sieur Albert.

L'installation de ce dernier établissement, si nous en croyons l'almanach en question, comblait une lacune ; il se composait de quatre-vingts pièces « toutes proprement tenues » ; les prix variaient de trois à douze livres depuis le simple bain de propreté » jusqu'au « bain dépilatoire (*sic*) en étuves »...

Les prix étaient-ils trop élevés ? ou bien le voisinage de la Seine était-il trop immédiat ?... Toujours est-il que l'établissement du sieur Albert fit bientôt faillite et... tomba à l'eau.

Et voilà la petite histoire de la vieille *Grenouillère*, qu'il ne faut pas confondre avec l'autre, là-bas, près de Rueil, la galante école de natation qui n'a rien de commun avec celle de la gare d'Orléans, si ce n'est de recevoir aussi la visite de tous les gens... dans le train !

POUR CAUSE D'AGRANDISSEMENT

Les si intéressantes collections réunies, sous le nom de « Musée Carnavalet », à l'ancien hôtel de Madame de Sévigné, se trouvant à l'étroit dans le local qu'elles occupent, la Ville s'est rendue propriétaire de son voisin presque immédiat, le bel hôtel Lepelletier de Saint-Fargeau, situé au n° 29 de la rue de Sévigné, pour y transporter sa bibliothèque.

L'hôtel Lepelletier, dont le souvenir rappelle le séjour de Marion Delorme, fut presque complètement reconstruit par Pierre Bullet pour l'ancien directeur des fortifications de France, aïeul du conventionnel tombé sous les coups du garde du corps Pâris, en 1793, au Palais-Royal, qui y demeurait lui-même.

Cet hôtel, dont l'orangerie était jadis fameuse, se trouve dans un état de conservation parfaite ; on peut y admirer une rampe d'escalier en fer forgé de toute beauté.

Sur l'emplacement de l'orangerie disparue, une large galerie vitrée réunira l'ancienne demeure de Lepelletier de Saint-Fargeau à l'hôtel Sévigné dont elle est séparée par un vaste immeuble élevé sur les ruines du couvent « des Annonciades célestes », ou *Filles bleues*, fondé en 1622 par la marquise de Verneuil, et dont la chapelle était ornée d'une *Annonciation*, chef-d'œuvre de Nicolas Poussin.

Le couvent fut démoli en 1790 ; c'est aujourd'hui le lycée Victor-Hugo.

Ces demoiselles de la « laïque » supérieure ont remplacé les Annonciades célestes au manteau bleu...

... Y a-t-on beaucoup gagné ?

LE MONUMENT ALPHAND

Alphand — à quand celle du « grand Préfet », nous voulons dire M. le baron Haussmann ? — a enfin sa statue.

A l'entrée de l'avenue du Bois de Boulogne, en face de l'ancien restaurant Orly — successeur de Ravel — célèbre par ses filets de sole qui lui ont survécu, sur l'une des pelouses verdoyantes qui bordent l'allée cavalière, les pierres blanches du nouveau monument jettent une note gaie.

Derrière, entre les hautes murailles de deux immenses « boites à loyers », se voit encore l'humble chaumière appelée par sa propriétaire, une vieille demoiselle presque octogénaire, le « Clos », et dont elle a refusé dernièrement deux millions.

L'endroit pour Alphand est bien choisi ; c'est en effet le rond-point de l'Étoile, dont l'avenue de l'Impératrice formait l'une des branches, qui fut l'amorce des immenses travaux de voirie qui devaient rayonner sur tout Paris.

Villemot raconte dans ses amusantes chroniques que, de son temps, c'était là les « Colonnes d'Hercule » des excursions parisiennes. On ne s'aventurait guère au-delà de l'Arc-de-Triomphe que pour aller chez Ravel, dont les caves recélaient, paraît-il, un chablis introuvable ailleurs... On en parlait la veille ; on s'y préparait le matin ; et le soir, de retour à Paris, on avait, dit Villemot, « les airs éreintés d'un homme qui revient de la Palestine ».

M. Alphand... et l'automobilisme, sans parler de l'affreux *Métro*, ont changé tout cela.

AU MARAIS

Le petit « théâtre du Marais », dont on a parlé à propos de l'inauguration de la statue de Beaumarchais, n'a pas complètement disparu. On peut encore voir, au numéro 11 de la rue de Sévigné, la façade caractéristique de cette salle microscopique, qui avait été inaugurée le 1er septembre 1791 par un spectacle composé de la *Métromanie* et de l'*Epreuve Nouvelle*. Pour la construction de cette salle, qui remplaçait l'ancien petit hôtel Lamoignon, on utilisa des matériaux provenant de la Bastille et de l'ancienne église de Sainte-Catherine-du-Val-des-Ecoliers, démolie quelques années auparavant.

Le 26 juin 1792, on y représenta la *Mère Coupable* ; mais le succès ne vint pas et le théâtre se mourait de consomption lorsque parut le farouche décret de 1804, qui le ferma définitivement avec une trentaine de ses semblables.

Seules, les baignoires de l'ancien théâtre du Marais ont survécu, mais leur destination a changé : c'est aujourd'hui un établissement de bains.

Il y a baignoires et baignoires...

LES CHEVALIERS DE L'ARBALÈTE

Il nous faut signaler la mort, rue de l'Arbalète, dans le quartier des « Béni-Mouffetard », d'une vieille maison communale qui a sa petite page dans l'histoire de Paris. C'est sur son emplacement que s'élevait l'hôtel des chevaliers de l'Arbalète, qui, précurseurs de nos modernes sociétés de tir, se constituèrent en corporation sous le règne de Louis-le-Gros.

De vastes jardins entouraient cet hôtel ; ils furent utilisés, en 1578, par Nicolas Houël, apothicaire-opticien, pour l'installation d'une école pratique devenue par la suite l'Ecole de pharmacie de Paris.

En 1760, l'immeuble passa aux mains des «Filles du Silence », dont la chapelle fut une de celles où les saints offices se célébraient en cachette sous la Terreur.

Les sœurs de Saint-Vincent-de-Paul y dirigèrent, par la suite et durant de longues années, une école laïcisée — déjà ! — il y a vingt ans, sous le proconsulat du préfet Hérold dont on peut dire qu'il est fâcheux qu'il n'ait pas suivi la carrière de son père, l'auteur du *Pré aux clercs*...

UN PASSAGE SANS PASSANTS

Il court au sujet de la galerie Vivienne des bruits alarmants.

De jour en jour plus désert et sur le point de devenir, comme son grand voisin le Palais-Royal, une nécropole, le dit passage serait sous peu démoli et verrait ses terrains lotis et mis en vente pour des constructions neuves.

Une intéressante considération s'attacherait, paraît-il, à cette transformation.

La dernière propriétaire de la galerie Vivienne, Madame la comtesse de Caen — la bienfaitrice des pensionnaires de l'Académie de France à Rome — en avait fait don à l'Etat à la condition que les revenus en fussent employés à encourager de jeunes artistes. La propriété ne rapportant plus, ou presque rien, ces derniers pâtissent durement; d'où l'idée de la transformation en question.

Pauvre passage ! Comme ils sont loin les temps

heureux où l'on se pressait sous ses arcades pour admirer les grâces d'une jolie gantière qui y avait élu domicile et y fit fureur sous le règne de Louis-Philippe !

Cette beauté sous verre portait un nom singulier : elle s'appelait Mademoiselle Labsolu...

Mais il paraît que la philosophie aurait perdu son temps à vouloir se mettre à sa recherche. Mademoiselle « Labsolu » n'avait, avec Madame Sagesse, qu'un lien de parenté... « relatif ».

SUR LA BUTTE...

Idée originale. — Les vins de Montmartre. — Bel-Air et Montaigu. — Les cahiers de 1789. — Le Château des Brouillards. — Un rêve de Gérard de Nerval. — Les « Fédérés ».

Dès que les travaux du Sacré-Cœur seront terminés, les terrains dénudés qui l'avoisinent seront l'objet d'embellissements qui consisteront en plantations variées dont le nouveau square Saint-Pierre, accroché au flanc méridional de la Butte, constitue déjà une amorce.

Les vieux montmartrois ont émis, à cette occasion, une idée qui ne manque ni d'originalité, ni d'intérêt. Ils demandent que les plantations nouvelles soient faites exclusivement... de vignes. Ils s'agirait tout simplement de reconstituer là l'ancien vignoble montmartrois en couronnant Montmartre de pampres. Et pourquoi pas ?

*
* *

Les vignes de Montmartre ont leurs parchemins. Leur énumération complète serait trop longue ; qu'il suffise de rappeler que dès l'an 1433 mention est faite, dans l'aveu rendu à l'abbé de Saint-Denis, par le seigneur de Clignancourt, de treize perches de vins assises audit Clignancourt. Sur les plans de Roussel et de Jaillot jeune, parus respectivement en 1730 et en 1775 figurent d'importantes plantations de vignes au lieu dit : *les Cloys* — la rue des Cloys existe toujours — entre les rues actuelles du Mont-Cenis et Mercadet. Le plan de Verniquet indique cinq ou six arpents de vignes disséminées sur différents points de la butte, notamment à l'emplacement qu'occupe actuellement un réservoir, tout près du Sacré-Cœur. C'était le vignoble de *Montaigu*, proche de la *vigne de l'Eglise*, derrière le chœur des Dames, et de la *vigne de Bel-Air*, au haut de notre moderne rue de Ravignan.

M. Charles Sellier, l'éminent historien du Vieux-Paris, rappelle qu'en 1789 les « Cahiers » de Montmartre réclamaient l'établissement d'un impôt direct sur les vignobles du crû. Il ajoute qu'en 1815, par suite de la Convention de Saint-Cloud entre les armées alliées et le gouvernement français, les Anglais vinrent occuper la butte et dévastèrent les vignobles montmartrois. Puis commença l'ère des grands travaux de terrassement, de l'ouverture des carrières à plâtre qui éventrèrent la butte et la bouleversèrent de fond en comble. L'annexion de 1860 acheva cette œuvre de destruction. Les vignobles disparurent l'un après l'autre. Gérard de Nerval a prononcé l'oraison funèbre de la dernière vigne Montmartroise, celle qui contenait le *Château des Brouillards,* — ce dernier existe toujours — et qui lui souriait tellement qu'il pensa l'acheter.

« C'était, écrit-il dans la *Bohême galante,* la dernière du crû célèbre de Montmartre, qui luttait, du temps des Romains, avec Argenteuil et Suresnes. — Chaque année cet humble coteau perd une rangée de ses ceps rabougris, qui tombe dans une carrière. Il y a dix ans, j'aurais pu l'acquérir au prix de trois mille francs. On en demande aujourd'hui trente mille. C'est le plus beau pays des environs de Paris... ».

*
* *

.... Toutefois, quelques pampres résistaient. La guerre de 1870-71 leur porta le coup de grâce : leurs derniers vestiges — à l'exception de quelques ceps qui avoisinent encore le moulin de la Galette

— furent emportés par les travaux de terrassement qui furent exécutés pendant le Siège, près de la « tour de Solférino », sur l'emplacement qu'occupe l'église du Sacré-Cœur et dont les « Fédérés » devaient se servir, bientôt après, pour braquer sur Paris les canons qu'ils avaient été prendre aux fortifications....

Adieu paniers ! vendanges sont faites.

NEW-YORK A PARIS

Ce n'est pas seulement le « Riche » qui disparaît pour faire place à l'immeuble de la *New-York* à l'angle du boulevard des Italiens ; les hôtels portant les numéros 3 et 5 de la rue Le Peletier sont également mangés par la grande compagnie américaine qui, prévoyante de l'avenir, se prolongera en rotonde jusqu'à l'amorce future du boulevard Haussmann, attendu par les Parisiens depuis plus de trente ans.

Donc, avant qu'elle tombe, saluons en entrant à gauche dans la rue, la jolie terrasse qui était le dernier vestige de l'hôtel que possédait en cet endroit le marquis de La Borde, vidame de Chartres, lors de l'ouverture de la rue Le Peletier.

Aux premières années du second Empire, elle servait de fumoir aux habitués de la *Revue des Salons*, publication mondaine et littéraire qui tenait là ses pénates et qui eut son heure de succès...

Ouverte en 1786, la rue Le Peletier mit près d'un

siècle pour atteindre son *terminus*, le carrefour Montmartre ; son dernier tronçon ne fut achevé qu'en 1862.

C'est à cette date que fut jeté bas le joli petit hôtel de style grec qui, au 18 de la rue Provence, abrita successivement le comte de Tréneuc, le sybarite Barras, la danseuse Fanny Essler, Mme Duvergier, enfin les infortunés *Délassements comiques*, chassés du boulevard du Temple....

Loin, tout cela !

—————

PIGEONS VOLENT !

La disparition de l'ancienne Cour des Comptes, aujourd'hui remplacée par la gare chère au cœur des Cadets de Gascogne, a fait plus de victimes qu'on ne suppose.

Qui donc a jamais parlé, par exemple, des pigeons de l'infortunée Cour métamorphosée, pendant de si longues années, en une véritable futaie ?

Tandis qu'au premier coup de pioche, pierrots, sansonnets et autres menus oiseaux avaient, avec l'insouciance qui caractérise la gent piaillante, effectué leurs rapides déménagements aux quatre coins de Paris, les ramiers, d'humeur moins voyageuse, se sont longtemps fait « tirer l'oreille » — pour des pigeons, l'image, peut-être, est risquée — avant de prendre un parti.

Devant les hordes envahissantes des terrassiers, ils s'étaient bornés à gagner la façade de la rue de Lille, espérant que l'invasion n'était que passagère. Mais, hélas ! la situation devenait intolérable, et les pauvres bêtes, aveuglées par la poussière, affolées par le fracas des effondrements de pierres, ont dû émigrer à leur tour.

Cependant, fidèles à leur quartier, les ramiers, plutôt que de prendre leur élan vers Périgueux ou Nérac — ils craignaient peut-être pour leurs foies — vers Castel-Jaloux ou vers Castillonnès, dans la riante vallée du Dropt, les ramiers, disons-nous, aristocratiques et conservateurs de tempérament, n'ont pas voulu quitter le faubourg Saint-Germain.

Comme un seul homme, ils se sont abattus, en un lourd vol, quelques pas plus loin, rue de Verneuil, sur l'hôtel où Carle Vernet eut jadis son atelier et où ils peuvent continuer, à l'abri d'une corniche bien exposée au bon soleil du Midi, leurs roucoulements printaniers un instant interrompus...

Ajoutons que dans la maison en question on les a en quelque sorte adoptés et que des mains généreuses leur donnent à manger.

Puisse la saison des petits pois leur être clémente !

113, RUE MONTMARTRE...

Ceci n'est pas l'adresse de la dernière pâte à rasoirs ;
c'est un local dont on a déjà parlé... alors qu'y résidait la Limouzin, la triste héroïne du fameux procès
des décorations ; c'est une « maison suspendue » —
Paris est la Babylone moderne ! — de la rue Montmartre, laissée intacte au milieu des ruines accumu-
lées par le percement de la rue Réaumur.

Tout Paris, on peut le dire, a défilé devant cette
extraordinaire maison, qui ne se tenait en équilibre
qu'à grands renforts de madriers.

Aujourd'hui, le 113 a vécu ; après une lente ago-
nie, il vient de s'effondrer en quelques jours, et sans
avoir pu opposer la moindre résistance aux attaques
du démolisseur ; dans quelques mois un nouvel
immeuble à six étages et tout étincelant de blancheur l'aura remplacé... Tout passe, tout casse et
tout... se tasse.

...Et c'est ainsi que sera enseveli à tout jamais,

Diligences du bon vieux temps !...

D'après un dessin de Victor Adam.

sous un énorme amoncellement de pierres de taille, le dernier souvenir des « Messageries royales », dont les dépendances occupaient cet emplacement et d'où sortirent, en 1783, les premières *Turgotines*.

C'est également le 113 qui lança, au début de la Restauration, les émules des *Béarnaises*, des *Ecossaises*, et autres « Vélocifères » de l'époque, les fameuses *Dames Blanches* qui eurent tant de succès auprès de la population parisienne.

On les mit à toutes les sauces ; on les chansonna dans les Revues et un éditeur de l'époque fit sa fortune en lançant sous le titre de *Jeu des Dames-Blanches* un nouveau « jeu de l'oie », renouvelé des Grecs dans lequel les jetons étaient remplacés par des... correspondances.

Les *Dames Blanches*, ainsi baptisées de la couleur de leurs caisses, étaient au nombre de douze. Leurs noms méritent de passer à la postérité. Elles s'appelaient : *Joséphine, Sarra (sic), Julie, Lucie, Rosalie, Betzy, Gabrielle, Clarisse, Jenny, Pauline, Honora et Victoire*.

Victoire fut la dernière qui lutta contre nos actuels omnibus mais elle dût bientôt avouer sa... défaite et elle est, de nos jours, totalement oubliée...

Les morts vont vites... beaucoup plus vite que les diligences du bon vieux temps !

UN VILAIN PAN DE MUR

Il a été question, on le sait, d'aménager le pavillon de Flore en vue de l'hospitalité à donner aux souverains qui décidément semblent avoir cessé de bouder Paris, tandis que le pavillon de Marsan serait définitivement affecté aux Arts décoratifs.

Ne pourrait-on profiter de l'occasion pour masquer, sous une décoration extérieure quelconque, l'affreux pignon, nu et désolé, qui déshonore la place du Carrousel, à la hauteur de l'Arc de Triomphe de Septime-Sévère ?

Il y a là, à l'endroit exact où le feu de la Commune arrêta ses ravages, en cette affreuse nuit du 23 mai 1871, un pan de mur d'attente qui fait le plus vilain effet.

Un travail de raccordement entre la galerie de Marsan et les bâtiments de l'ancien ministère d'État s'impose de toute nécessité.

Les « Arts Décoratifs » nous doivent bien cela.

... Renvoyé à M. Berger.

LES « BÉNI-MOUFFETARD »

Les journaux se sont emparés d'un récent « incident » — deux coqs vivaient en paix... — qui s'est déroulé sur le flanc de la montagne Sainte-Geneviève, côté sud.

Il paraît que c'est entre « Béni-Mouffetard » que les choses se sont passées...

On peut se demander à ce sujet ce que peut bien signifier cette expression de « Béni-Mouffetard » appliquée aux habitants de ce quartier déshérité qui, du terrain taluté que surmonte le Panthéon descend, en pente roide, aux rives peu verdoyantes de la Bièvre.

D'après Delvau et Lorédan Larchey, cette expression daterait du temps où les guerres africaines ramenaient continuellement dans les journaux les noms de tribus commençant par *Béni*, et c'est sous ce vocable que l'argot parisien désigne les habitants du faubourg Saint-Marcel, qui, paraît-il, a longtemps eu le singulier privilège de fournir les plus forts contingents, aux bataillons d'Afrique...

... *Béni* soit qui mal y pense !

LA PREMIÈRE DE CLÉOPATRE
ET LA DERNIÈRE DE VAUCANSON

La démolition de l'ancien hôtel Mortagne, rappelle le souvenir du célèbre mécanicien Vaucanson.

L'ingénieux ingénieur ne fut pas seulement le père des canards automates que tout le monde connaît. Parmi les anecdotes auxquelles donnèrent lieu ses découvertes, en voici une qui est, croyons-nous, peu connue.

C'est lui qui fournit à Marmontel, pour la première représentation de *Cléopatre,* un remuant et ravissant aspic qui sifflait en s'élançant dans le sein de l'héroïne. Le truc était ingénieux, mais son succès ne fit pas celui de la pièce.

— Comment trouvez-vous cette Cléopâtre ? demandait-on à l'un des spectateurs.

— Ma foi, reprit-il, je suis de l'avis de l'aspic : Je siffle...

Le mot courut de bouche en bouche, et Cléopâtre ne s'en releva pas.

Vaucanson, on le sait, légua la collection qu'il
avait formée à Clairvaux à l'Académie des Sciences.

Le contrôleur Jolly de Fleury la présenta au Roi
Louis XVI dans les termes suivants :

« Votre Majesté a reçu avec bonté l'hommage que
la dame de Salvert, fille du sieur Vaucanson, lui a
présenté, conformément au testament de son père,
de toutes les machines qui se trouvoient dans les
ateliers de célèbre inventeur... Cette collection, déjà
si précieuse, pourroit être augmentée d'un grand
nombre de machines employées avec succès en
Angleterre et en Hollande, et qu'il seroit bon de
mettre sous les yeux de nos artistes. »

Cela fut le premier fonds du Conservatoire des
Arts et Métiers dont on vient de fêter le centenaire.

LE SAULE D'ALFRED DE MUSSET

Sans doute il est bien tard pour parler encore... de lui.

Il se meurt, le pauvre vieux saule dont l'ombre légère abrite la terre où reposent les cendres du Poète.

C'est lui qui, à son tour, s'achemine vers la mort... Il est perdu... Ce serait peut-être le moment de le remplacer.

Or, voilà que précisément, il est question, pour le percement de la « trouée » qui doit réunir l'Elysée au nouveau pont Alexandre III, de malmener les vertes pelouses qui avoisinent l'avenue Gabriel et le saule qui en est la plus jolie parure : le fameux saule des Champs-Élysées.

Les « Champs-Élysées » — « Séjour des Ombres » chez nos pères,... du temps d'Orphée — c'était un peu notre Père-Lachaise actuel...

Le saule en question, fort et vigoureux, ne s'y

trouverait pas dépaysé ; un peu de terre végétale aidant, peut-être y puiserait-il de nouvelles forces ?...

Et de la sorte le vœu du Poète des « Nuits » continuerait d'être exaucé...

Ne lui doit-on pas cela ?

———

LES TURGOTINES

Nous en avons déjà dit un mot, à propos de la démolition d'une vieille maison de la rue Montmartre sur l'emplacement des anciennes Messageries royales.

Avant l'arrivée du ministre Turgot, disent les chroniques du temps, les voitures publiques étaient d'énormes « cabas » où les voyageurs faisaient à peine dix lieues par jour en se levant à minuit et se couchant à onze heures du soir, « bien peu prestes pour les négociants qui ont affaire d'une extrémité du royaume à l'autre et qui n'ont pas le moyen d'y courir la poste ».

Grâce à Turgot, « accoutumé à voir tout en grand », des voitures confortables et spacieuses, à service régulier, supprimant les distances — notre moderne Métropolitain, quoi ! — furent mises à la disposition du public, qui en fut si satisfait qu'il les baptisa du nom du grand ministre : les Turgotines étaient nées.

Turgot ne manquera certes pas de titres de gloire devant la postérité ; mais il faut avouer qu'en matière de transports, la vapeur, l'électricité et... l'automobilisme lui ont porté un rude coup...

Qu'en pensez-vous, ô modernes « chauffeurs » ?

PAUVRE ÉGLISE

Il parait que la Municipalité songe à débarrasser des affreuses constructions qui l'enserrent et la déshonorent l'église Saint-Julien-le-Pauvre, cette relique du plus lointain passé de notre capitale.

Ce précieux monument aujourd'hui si délabré et qui a tant souffert de l'injure du temps et des hommes, connut jadis des jours prospères. Saint-Julien-le-Pauvre, fut riche, très riche ; le prieuré qui en relevait ne comprenait pas moins de trente-huit maisons entre les rues Galande, de la Bûcherie et des Marmousets cette dernière disparue de longue date.

L'église en tirait de gros revenus auxquels s'ajoutaient ceux provenant de ses autres dépendances « extérieures » telles que la « location des terres sur le chemin de Montmartre » et d'autres censives au faubourg Saint-Jacques.

C'était, on le voit, un joli denier.

La Révolution confisqua le tout ; elle jugea que si la *Maison de l'Humanité* (l'Hôtel-Dieu) avait besoin d'argent, elle n'avait pas besoin de l'église qui lui servait de chapelle ; on en fit un grenier à sel, puis un moulin de garance. On y vit ensuite un entrepôt de lainages et un « chais » de marchand de vins.

Il y a quelques années, Saint-Julien-le-Pauvre — avant d'être affecté à l'exercice du culte catholique grec — faillit devenir une succursale du Musée Carnavalet.

On ne dira pas, de notre église, qu'elle doit être heureuse pour n'avoir pas eu... d'histoires !

AUTRE SQUARE

L'ancien couvent des Récollets devenu, sous le Premier Consul, hospice des *Incurables Hommes* avant de faire place à un hôpital militaire, va être jeté bas sous peu.

C'est dans la chapelle de ce couvent, fermée en 1792 et transformée en atelier de travail pour les mendiants valides, que fut enterré le Duc de Roquelaure, de galante mémoire...

L'hospice avait englobé le petit hôpital de l'*Enfant Jésus*, fondé à la suite des ruines engendrées par les guerres de la Fronde, par St-Vincent-de-Paul, pour quarante artisans réduits par l'âge à la mendicité.

Les murs noirâtres des « Récollets » contigus à la maison où naquit, croyons-nous, M. Godefroy Cavaignac et qui assombrissaient les hauteurs du faubourg Saint-Martin vont être remplacés comme les « Enfants Trouvés », par un square qui fera la tranquilité des parents et le bonheur des marmots du quartier.

AU PONT DE L'ALMA

L'édilité parisienne s'occupe d'un projet d'alignement de la place de l'Alma par suite de la destruction de l'antique pompe à feu de Chaillot.

Là s'étendait jadis un vaste marais, planté de roseaux et de saules, qui, Dulaure l'affirme, servit de sépulture à quinze cents cadavres aux heures sombres de la Saint-Barthélemy...

Une « guinguette » fameuse s'y établit ensuite, puis un bureau de perception des droits d'entrée par la rivière.

Les frères Perrier y établirent, en 1778, leurs célèbres machines qui ne furent remplacées qu'en 1851.

La mise à l'alignement touchera à la propriété voisine où se cachaient Cadoudal et Polignac, lors de leur conspiration contre le Premier Consul ; c'est là aussi qu'avaient lieu les entretiens secrets avec Pichegru et Moreau...

N'est-ce pas plusieurs pages d'histoire de France que ce petit coin de Paris ?

LE « TOUR » DU CADRAN

Perdre sa montre est un événement fâcheux, certes, mais qui peut arriver à tout le monde; il y a des gens qui perdent la boussole... c'est plus regrettable encore. Mais, pour perdre un... cadran solaire, il faut, en vérité, être privilégié.

C'est ce qui est arrivé aux architectes de la Sorbonne.

Ils avaient décroché avec soin le beau cadran que tant de générations de *potaches* en mal de baccalauréat ont contemplé avec anxiété attendant d'y lire l'heure décisive du « Midi » fatidique qui devait les fixer sur leur sort.

Cet aïeul vénérable de nos modernes horloges pneumatiques, contemporain de ceux que l'on peut encore admirer à la Monnaie, à l'Institut, à la prison Saint-Lazare, enfin à l' « Hôtel de Hollande » de la rue Vieille-du-Temple, devait être replacé sur les murs de la nouvelle Sorbonne... mais voilà maintenant qu'on ne sait plus ce qu'il est devenu !

Il a fui sans laisser son adresse.

Les appariteurs et huissiers de la Sorbonne sont sur les dents... Ils ont fait, paraît-il, appel à la police pour les aider à « arrêter » le cadran... qui vient de leur jouer là un fort mauvais « tour » !

———

LES « SŒURS DE SAINTE-MARTHE »

A l'angle des rues de la Roquette et des Boulets, un pan de mur lépreux et lézardé, enclosant des terrains de plus de cinq mille mètres, où quelques arbres rabougris finissent de mourir de vieillesse. Un pavillon, jadis à l'usage d'orangerie, dont la toiture s'effondre lamentablement... Voilà tout ce qu'il reste, à l'heure présente, de la « Maison de Sainte-Marthe ».

La Révolution — naturellement — ferma le couvent dont les derniers vestiges ne tarderont pas à disparaître, car déjà, derrière ce vieux décor, on peut voir s'élever une vaste bâtisse aux moellons éblouissants de blancheur qui abritera un nouveau et sympathique « groupe scolaire » pour demoiselles.

Les religieuses de « Sainte-Marthe », ordre assez peu connu, fondé par la veuve de Théodon, sculpteur du Roi, instruisaient les filles pauvres et ne prononçaient pas de vœux ; leur Supérieure portait

le titre de « Sœur Première ». Elles étaient complètement vêtues de noir, coiffure comprise.

La barrière de la « Croix Faubin », où deux archers
de la Ville occupaient deux logis distincts, se dressait
tout contre les murs du couvent d'où, s'il faut en
croire une vieille description de Paris « on jouissait
de la vue la plus étendue sur la riante campagne
environnante... »

La « riante campagne » c'est, de nos jours, la
place de la Roquette avec, comme fond de décor, le
Père-Lachaise.

Le paysage a quelque peu changé et les bonnes
sœurs de « Sainte-Marthe » étaient mieux là que
nos modernes et laïques « Sévriennes ».

LA MALADRERIE SAINT-GERMAIN

L'envahissant « Bon Marché » qui, s'il faut en croire certain romancier, fait le « Bonheur des Dames »... et celui de ses actionnaires, a enjambé pour s'agrandir, la rue de Babylone.

C'est là l'emplacement de l'une des trois « maladreries » que la charité publique ouvrit, au temps jadis, aux déhérités de la santé. Elle était placée sous le vocable de Saint-Germain tandis que les deux autres se réclamaient de Saint-Lazare (dans l'enclos qu'occupe aujourd'hui la prison des femmes) et de Sainte-Valère, cette dernière sise au faubourg Saint-Michel et qui fut réunie avec ses biens à l'Hôtel-Dieu, par arrêt du 2 juillet 1700.

La *Maladrerie* Saint-Germain, elle, se fondit dans l'hospice des « Petits-Ménages » ; son jardin, d'une contenance de trois arpents, devint, en 1689, le cimetière de la Trinité, supprimé en 1747.

Au temps de la Révolution, un « bal » dit des

Zéphyrs y fut provisoirement installé sous les fenêtres même de l'Abbaye-aux-Bois, ce qui était d'un goût exquis...

Ce terrain, aux destinations si diverses, fut ensuite construit et eut pour occupants successifs : M. de Grosbois, pair de France ; le comte Eugéne de Vaublanc, homme d'Etat ; le vicomte de Montblanc-Canillac, nous en passons, et des meilleurs...

OHÉ, CHICARD ! OHÉ !...

On parle de la suppression des bals de l'Opéra et à ce propos le souvenir de Chicard revient tout naturellement à l'esprit.

C'est dans l'arrière-boutique d'un marchand de vins qui occupait le rez-de-chaussée d'un vieil immeuble dont on peut encore admirer la façade cintrée, d'un bel ordonnancement, à l'angle de la rue d'Angoulême, que débuta le roi des « clodoches » immortalisé par le crayon de Gavarni.

Les descendants de la dynastie chorégraphique fondée par Chicard pourront s'y rendre, au prochain Mardi-Gras, en pélerinage.

Le patron de cet établissement répondait au nom euphonique de « père Chapard » ; il était célèbre dans tout le quartier du Temple. Il ne l'était pas moins aux environs du quai d'Orsay — que M. Delcassé nous pardonne ! — où il tenait le restaurant attenant à l'école de natation « en Seine courante », et dont l'un des clients les plus assidus était le maréchal de Saint-Arnaud, un friand de la « lame »... même en eau douce, paraît-il.

Le père Chapard, on le voit, avait des relations dans tous les mondes...

LA RUE DU FOUARRE

Les représentations que l'Odéon a données des *Truands* la remet sur la « cimaise » de l'actualité. C'est en effet dans l'une des écoles de la rue du Fouarre que se déroule la pièce, en 1448. Voûtes avec ogives ; la chaire du Maître à droite ; au milieu des « escholiers » assis sur des bottes de paille, Robin Costeau, roi des *Truands* opère et vaticine.

La rue du Fouarre — plus anciennement du *Feurre*, c'est-à-dire de la *paille* — est l'ancêtre directe de notre moderne *Boul'Mich...* C'était le quartier général de MM. les étudiants de l'époque dont les « Salles du Travail » rebelles à l'introduction des bancs, tables et pupitres — aujourd'hui nous savons des collèges où ces MM. ne se servent que de *rocking-chairs* — n'avaient pour tout mobilier que des bottes de paille jetées de ci de là dans les coins...

Victor Hugo a dit assez irrévérencieusement : « Ne pourrissez pas comme un âne illettré sur le *feurre* de l'école... » modernisant ainsi ce mot disparu depuis longtemps de nos vocabulaires.

Dante Alighieri a logé rue du Fouarre, ainsi qu'en témoigne la rue voisine portant le nom de l'auteur de la *Divine Comédie* ; mais il y a longtemps que sa maison a disparu.

C'est aujourd'hui le tour de la rue pittoresque de nom et d'allures, dont les derniers vestiges sont écrasés sur les immenses constructions des rues Lagrange et Galande, ses voisines, astiquées et remises à neuf...

A PROPOS D'UNE FONTAINE

Sait-on que la fontaine de la rue de Grenelle, que l'incurie administrative laisse tomber en ruines a une origine tout ce qu'il y a de plus... « cléricale » ? C'est, en effet, sur un terrain appartenant aux « Récollettes » et gracieusement donné par elles en 1736 que Turgot, posa la première pierre de la fontaine dont Bouchardon devait faire un chef-d'œuvre.

Ce don généreux ne sauva pas les « Récollettes » de la tourmente révolutionnaire. Les bâtiments conventuels, qui s'étendaient jusqu'en bordure de la rue de Grenelle, furent confisqués et vendus le 9 floréal an V ; leur chapelle — elle sert aujourd'hui d'écuries aux magasins du Petit Saint Thomas — fut transformée en théâtre ; c'est-là que débuta Potier, le comédien inimitable.

Au théâtre succéda le « Salon de Mars », le plus « aristocratique » des bals publics du noble faubourg, dont la vogue dura plus de quarante ans... puis ce fut le tour d'un gymnase ; enfin d'un établissement de bains.

Dans les combles de l'ancien théâtre, de vastes ateliers ont abrité successivement l'artiste Lafon, peintre pontifical, comte romain, et l'architecte Baudry dont le frère compte, entre autre choses, à son actif : le foyer de l'Opéra, la cheminée fameuse de Chantilly où il représenta Saint-Hubert sous les traits du duc de Chartres, le dessin de notre actuel billet de cent francs... enfin une rue à son nom du côté de Saint-Philippe-du-Roule.

LES « DESSOUS » D'UNE CASERNE

La caserne des pompiers de la rue Blanche va être démolie pour cause de vétusté et peut-être, en creusant l'immense terrain qu'elle occupe, trouvera-t-on quelques vestiges de l'ancienne « Folie-Boursault » dont les jardins s'étendaient sur cet emplacemennt.

C'était jadis la propriété des Dames de Montmartre ainsi qu'il résulte d'un bail consenti, en 1723, par Madame de Rochechouart, première abbesse, en faveur de dame Marguerite de Vertillac, d'un terrain portant cette désignation : « Aux Porcherons, rue Royale, lieu dit des Portes-Blanches ».

Le petit-fils de l'auteur du *Mercure galant*, Boursault, qui fit ériger là une maison de plaisance, était un homme un peu « à tout faire ». Comédien d'abord, puis membre de la Législative et de la Convention, il était devenu entrepreneur des boues et de la poudrette, et fermier des jeux de Paris... Il mourut riche.

La caserne qui va disparaître s'adossait à une maison de la rue Pigalle où Mademoiselle Duchesnois cacha, au péril de sa vie, pendant et après les Cents-Jours, des victimes désignées tour à tour aux vengeances de l'un et de l'autre parti.

C'est là, notamment, que se réfugia Madame de Lavalette, dont le nom obtint, au Vaudeville le succés que l'on sait.

———

A LA « GRANDE-PINTE »

La brasserie que le feu vient de détruire rue Michel-Bizot, au lointain faubourg de Bercy, occupait, tout contre le dépôt des pavés de la Ville, un immense terrain qui, il y a quelques années, était encore des plus « vagues ».

C'est là que s'étendaient jadis les vastes dépendances du jardin de Picpus, où grottes et rocailles se dressaient à l'envi. Les potagers du monastère étaient célèbres et devaient leur réputation principale à l'excellence de leurs salades dont le poète Sénecé a dit :

> *Item* de la salade aussi fraîche, aussi bonne,
> Aussi réjouissante en sa variété
> Qu'à Picqu epuce (*sic*) en assaisonne
> L'ingénieuse pauvreté.

Au commencement du siècle dernier, nombre de « guinguettes » s'installèrent en cet endroit ; l'une d'elles, fameuse entre toutes, a laissé son nom au quartier qui nous occupe : celui de la Grande-Pinte.

Picpus ?... la Grande-Pinte ? Nous venons de parcourir le fief électoral de M. Paschal Grousset, ministre des « relations extérieures » sous la Commune et qui, au dire de Rochefort, avait plus d'*extérieur* que de *relations*...

C'était la paraphrase du mot célèbre de Jean-Jacques : « Il manque de monde, mais il est aimable ».

M. Paschal Grousset est, paraît-il, toujours aimable...

GARDE DES SCEAUX CHASSEUR

Si Fleurian d'Armenonville — un personnage à l'étrange destinée — revenait parmi nous, il aurait sans doute quelque peine à reconnaître le pavillon qui porte son nom au bois de Boulogne...

Ce d'Armenonville fut le premier qui exerça en France l'industrie des bas de soie ; il reçut, de ce chef, un privilège royal et installa sa manufacture, dans son propre appartement.

Devenu, par un singulier avatar, capitaine des « Chasses du bois de Boulogne », il obtint du Roi la permission de faire construire, près la porte Maillot, un coquet pavillon que l'âge a quelque peu transformé... et qui, en souvenir des chaudes alarmes passées, est resté légendaire dans le monde où l'on donne, et où l'on reçoit, des coups.

C'est là que la faveur royale vint le chercher, en 1722, pour en faire un garde des sceaux, lors de la seconde disgrâce du chancelier d'Aguesseau, qui était lui-même un grand chasseur devant l'Eternel.

Notre actuel ministre de la justice — un excellent fusil, paraît-il — a toujours ce point là de ressemblance avec ses prédécesseurs...

RAFRAICHISSEMENT SÉNATORIAL

Les pères conscrits ayant fait place nette, la cour intérieure du Luxembourg s'est transformée en un véritable chantier.

La colonnade du faîte du palais, la toiture, le pavillon ouest et les statues qui ornent le perron central sont, en ce moment, aux mains des ouvriers qui vont les « rafraîchir ».

M. Fallières répare les oublis de M. Loubet... Mais, du fond de leur demeure dernière, Marie de Médicis et son architecte Jacques Desbrosses qui, déjà, avaient tressailli devant l'œuvre de restauration entreprise par Chalgrin au commencemement du siècle, doivent nourrir de nouvelles inquiétudes au sujet des « embellissements » projetés.

C'est qu'hélas ! on ne se contente pas, à notre époque,

De réparer des ans l'irréparable outrage...

6.

et les nécessités pratiques de notre époque utilitaire n'ont, trop souvent, rien à voir avec les conceptions de pure esthétique...

En même temps, pour se donner de l'air, le Sénat menace de mort prochaine, deux maisons voisines aux souvenirs intéressants.

Celle qui fait, à gauche, l'angle des rues de Tournon et de Vaugirard, est particulièrement fréquentée par les « potaches » aux heures pénibles du baccalauréat.— C'est là, chez Foyot, qu'on vient entre deux compositions, reprendre un peu de force !

Elle eut jadis un hôte célèbre : l'empereur Joseph II, dont elle a fidèlement conservé le nom sur son enseigne. Elle servait de pied à terre au frère de Marie-Antoinette, lorsqu'il venait à Paris, sous le nom de comte de Falkenstein, pour visiter J.-J. Rousseau, qu'il surprit un jour copiant de la musique...

Comme hôtes de la maison d'en face, relevons les noms du publiciste Mallet du Pan, rédacteur au *Mercure de France*, sous la direction Panckouke, et de l'académicien Camille Rousset, qui y mourut en 1893.

———

LES CHOUX DE PARIS

L'envahissement des moellons et de la meulière a fait disparaître peu à peu les coins rustiques du vieux Paris. Il en est un, toutefois, que nous devons signaler pendant qu'il en est temps encore, fort peu connu sans doute, bien qu'il se rencontre en plein cœur du « West-End » parisien.

Au numéro 40 de l'avenue du Trocadéro, nous précisons, à quelques pas de l'ultra moderne place d'Iéna, blotti entre deux immeubles aux éblouissantes « windows », on peut encore voit un tertre rustique savamment consacré à la culture du chou, ce vert compagnon du pot-au-feu bourgeois.

Le carré de choux de l'avenue du Trocadéro est tout simplement superbe, et la saison a été, au dire des jardiniers qui pratiquent là la culture intensive, particulièrement brillante.

Ces choux sont magnifiques, et Paris tient décidément à devenir... un petit Bruxelles !

LE « JEU DU SOLITAIRE »

Frais et pimpant, avec ses jolis rechampis « vert d'eau » rehaussés de blanc et de vermillon, le nouveau tramway d'Auteuil à l'Hôtel de Ville glisse, depuis quelques jours déjà, sur les rails qui courent tout le long, le long de la Seine.

La plaque fatidique « complet » apparaît invariablement aux yeux du passant surpris et découragé... et pourtant le coquet tramway à air comprimé a toujours l'air... vide.

Renseignements pris, le tramway solitaire en est encore à sa période des esssais; il « fait joujou » — le jeu du Solitaire, alors ! — et les voyageurs absents y sont remplacés par une cargaison de sacs de sable rangés à fond... de cale. On veut s'assurer, avant d'en faire l'expérence *in animâ vili*, que la voie est assez forte pour supporter la « tare réglementaire. »

Dans ce cas, en effet, les intéressés, comme le faisan, préfèrent attendre.

LES « DESSOUS » DE LA SALAMANDRE

(*Mai 1900*)

En « travaillant » le sol de la chaussée sur laquelle s'ouvre la *Salamandre* — c'est le nom populaire par lequel on désigne l'entrée monumentale de l'Exposition du côté de la place de la Concorde — on vient de retrouver les fondations du coquet pavillon connu jadis sous le nom de « maison Perronet », que nos lecteurs connaissent déjà.

C'était un bijou d'architecture, ce coquet pavillon fait de briques et de pierre, avec son *attique* et son toit mansardé, concédé naguère, pour qu'il fût à la portée de son œuvre, à l'ingénieur Perronet tandis qu'il construisait, en 1790, avec les matériaux provenant de la Bastille, le beau pont Louis XVI.

Perronet eut pour successeur le fameux restaurant Boulet ; puis le pavillon fut démoli et remplacé vers 1860 par le kiosque où l'on distribuait les billets pour le « chemin de fer américain » de nos jeunes années, l'aïeul de nos modernes tramways à « plots » ou à « trolleys ».

La *Salamandre*, surmontée de La *Parisienne* — d'aucun disent de la *Binette*... — elle est l'œuvre de M. Binet — triomphe maintenant en cet endroit. Mais le règne de la Parisienne ne sera qu'éphémère... du moins à l'entrée du Cours-la-Reine.

LE CHAMP MAUDIT

Dans l'histoire de la banlieue parisienne, c'est décidément une place lugubre que le village de Pantin — amère ironie des noms — tient à prendre.

Le terrible éboulement qui vient d'y faire trois victimes, dans une affreuse jachère dite la « décharge de Pantin », derrière le cimetière communal, s'est produit à l'endroit presque exact qui servit de théâtre il y a une trentaine d'années, à l'abominable forfait de Tropmann. C'est là, dans cette plaine désolée, limitée par les murs du cimetière, les anciens établissements de l'artificier Honoré, détruits par une explosion, et les usines de *noir animal* dont les fumées, quand le vent souffle de l'Est, empoisonnent Paris, que l'on découvrit, en septembre 1869, les cadavres de la femme Kinck et de ses six enfants.

Le « crime de Pantin » — beaucoup d'entre nous s'en souviennent — impressionna tellement l'opinion que, pendant de longues années, on n'osait même pas prononcer le nom de « champ Langlois » où s'était faite cette boucherie humaine, et que ce terrain demeura en jachère jusqu'au jour où la Ville de Paris s'en empara pour le transformer en « décharge » et y faire transporter tout ou partie de ses « dessertes ».

… Il y a, comme cela, des coins maudits !

ENGLISH DRIVER...

L'Exposition est à peine ouverte et déjà Paris n'est plus Paris ; c'est Babylone, Cosmopolis, Londres ou New-York.

L'infiltration exotique se fait partout même — qui l'eût cru ? — sur le siège des cochers de fiacre.

Le fait est que pas plus tard qu'hier, entre la Madeleine et le Cercle des « Bébés », nous avons croisé un fiacre en manière de *cab*, tout flambant neuf, revêtu d'ailleurs de toutes les estampilles administratives possibles et conduit par un élégant automédon, tout de gris habillé — y compris l'impeccable couvre-chef de haute forme, — la boutonnière fleurie d'une orchidée — à toi, Joë Chamberlain ! — et dont le siège, à la place de la coutumière pancarte : *Voiture chauffée*, portait sur une plaque rouge à fond bleu, la mention suivante :

English Driver

« Cocher anglais »... c'est une trouvaille.
Marchez les premiers... Messieurs les Anglais !

———

M. WALDECK-ROUSSEAU AFFICHÉ...

... Il ne s'agit pas de cet affichage fâcheux qui est réservé, dans le monde des *clubs*, à ceux qui ont la cotisation récalcitrante. Il ne s'agit pas, non plus, d'un affichage public. Jamais ministre ne fut plus souvent affiché, à nos frais, sur tous les murs de France et de Navarre, que notre actuel président du Conseil!...

Non. C'est d'un affichage purement privé que nous voulons parler. C'est comme simple particulier, c'est comme époux de Madame Liouville, née Charcot, que M. Waldeck-Rousseau est « collé » sur nos murailles.

Sachez donc que l'on vient d'apposer, le long d'un bel hôtel du boulevard Saint-Germain, de grandes affiches qui en annoncent la vente à la requête de Madame Liouville, « dûment autorisée par M. Waldeck-Rousseau, Président du Conseil et avocat (*sic*), son époux actuel. »

Le superbe immeuble dont il s'agit, construit jadis par Lassurance pour le marquis de Châteauneuf, de la famille de La Ferté-Senneterre, appartint ensuite au marquis de Béthune, qui le vendit, en 1719, au duc de Châtillon, gouverneur du Dauphin, fils de Louis XV. Le baron de Breteuil l'occupa ensuite ; puis la famille de Gontaut-Biron ; enfin le docteur Charcot.

Avec ses jardins s'étendant sur les terrains de l'ancien couvent de la Visitation — dont le nom est encore porté par une rue contigüe — et en dépit de la mutilation qu'il eut à subir lors du percement du boulevard Saint-Germain qui le prit en écharpe, le vieil hôtel de Châtillon avait encore fort grand air.

Puisse-t-il échapper au sort de son rival et voisin, l'hôtel de Luynes !

NETTOYAGE DIPLOMATIQUE

Une équipe d'ouvriers a envahi le ministère des Affaires étrangères, à la demande de M. Delcassé qui rougissait de voir sa façade aussi noire... et ne voulait pas que la tonalité de ses murs pût sembler, aux bons nègres dont on annonce la visite, une allusion par trop... peu transparente !

A grand renfort de brosses, de balais et d'eau de Javel, on a rafraîchi tant bien que mal la façade plutôt maussade de l'hôtel de notre *Foreign Office*, construit par Lacornée en 1856 et dont la dernière toilette remonte à 1889.

Le ministère ne se lave qu'aux années d'Exposition... C'est peut-être pour cela qu'on voit si peu clair dans nos affaires... étrangères.

Les quatre statues qui décorent les portiques du ministère ont déjà reçu le « tub » bienfaiteur et rafraîchissant. Elle représentent, d'un côté, la *Vérité* et la *Loi*; de l'autre, la *Sagesse* et la *Prudence*. Ces deux dernières — soit dit sans aucune espèce d'arrière-pensée politique — ont, on l'avouera, quelque peu souffert en ces temps derniers...

LE « CLOS CADET »

Le *Petit Journal* devient grand, très grand.

A l'angle de la rue Cadet, la rue Lafayette empruntant pour un instant le sol de l'ancienne rue d'Enfer — devenue rue Bleue — s'élargit en manière de placette irrégulière. Il yavait là un amalgame de constructions bizarres, faites de bois et de plâtre, qui ont poussé comme des champignons sur le terrain de l'ancien « Clos Cadet » — on trouvait déjà sous Charles IX des « Cadet », peut-être parents des Roussel ? — jardiniers en cet endroit. — Entre temps, on y rencontra le *Manège Royal* fondé par le comte d'Aure et qui fut transféré dans un local voisin, passage des Deux-Sœurs, qu'occupent aujourd'hui les ateliers du *Petit Journal*. La porte monumentale, décorée de chevaux rappelant ceux de Marly, fut abattue, il y a une cinquantaine d'années, à la suite d'un incendie violent qui mit en péril tout le quartier.

Cet immeuble était une véritable ruche de travail : on n'y comptait pas moins de trois ateliers d'impri-

merie ; deux « forces motrices » ; une cité ouvrière ;
un lavoir ; un établissement de bains ; une salle de
bal qui eut, au temps jadis, maille à partir avec la
police et où se tinrent, lors des élections de 1869,
des réunions publiques d'orageuse mémoire...

Pendant longtemps, la grande célébrité locale de
ce coin de Paris, fut Pierre Petit le photographe
fameux, lequel « opérait lui-même », à moins qu'on
ne préférât « poser » devant l'objectif de son fils, le
petit Pierre Petit.

Maintenant ce sont les maçons qui « opèrent » là
pour le compte du *Petit Journal*, lequel étouffe dans sa
ceinture et ne sera probablement pas fâché de se
débarrasser des ses voisins incommodes, insalubres,
ou simplement dangereux...

M. BOURGEOIS FAIT PEAU NEUVE

Au retour de la Haye où ses goûts très affinés, ont pu achever de se polir au contact avantageux des membres du Congrès de la Paix, M. Bourgeois a renoncé à l'appartement luxueux, mais un peu « quelconque » qu'il occupait dans la moderne rue Pierre Charron.

C'est à l'ombre des tours de Saint-Sulpice, rue Palatine qu'il a décidé d'établir ses pénates. Il a fait choix, pour les abriter, de l'ancien Hôtel de la princesse Anne-Charlotte Palatine de Bavière, qui survécut à son mari, Henri-Jules de Bourbon-Condé et se fixa au Petit Luxembourg.

L'Hôtel de S. A. S. Electorale palatine passa plus tard aux mains de l'Archevêque de Sens ; puis à M. de Bonald, le célèbre philosophe catholique.

Serait-ce pour M. Bourgeois l'étape c'une conversion... à droite ? ou bien rêve-t-il, comme Son Altesse Sérénissime, d'aller, lui aussi, s'asseoir au Luxembourg.

Il en prend, en tout cas, le chemin...

ABEILLES D'OR SUR VELOURS VERT

C'était, avec les portraits de l'Empereur et de l'Impératrice, l'ornement de l'ancien « salon officiel » de feu le Palais de l'Industrie ; on vient de les retrouver au cours du déménagement des services de l'Exposition de 1900, délogés pour cause de démolition.

Pâles et flétries, elles s'étiolaient, les pauvres abeilles impériales, derrière une tenture « d'attente » sous laquelle on les avait dissimulées au lendemain du 4 Septembre !

Mme de La Ferronnays leur consacre, dans ses *Mémoires*, un souvenir ému en rappelant que c'est dans ce salon que siégea, aux heures sombres de 1870, le comité des secours aux blessés présidé par Mme la comtesse de Flavigny, cette grande dame au cœur d'or dont la vie et les écrits n'ont qu'un but : l'exaltation de la charité qui calme et qui console...

Les « abeilles d'or » attirées par d'anciens souvenirs vont-elles tenter d'*essaimer* au jardin des Tuileries ?

Elles ne s'y reconnaîtraient plus, les pauvrettes !

PREMIÈRE AMORCE

Cette fois-ci nous la tenons l'amorce, depuis si longtemps attendue, du boulevard Haussmann prolongé.

Nous la devons au monumental hôtel que la *New-York* vient de faire construire à l'angle de la rue Le Peletier. La compagnie américaine s'est en effet, ménagé une vaste façade sur la cour de l'ancien *hôtel de l'Europe* devenu aujourd'hui un embryon de voie publique.

Ce tronçon se trouve juste dans l'axe du boulevard Haussmann idéalement prolongé.

Quand il le sera en fait, le nouveau boulevard promis aux Parisiens depuis trente-cinq ans éventrera l'*ilôt* délimité par les rues Taitbout et Laffitte où il rencontrera la rue récemment percée sur les terrains de l'ancien hôtel de la Reine Hortense, coupera la rue Laffitte en écornant l'ancien passage d'Artois, aujourd'hui Galeries Durand-Ruel, et viendra mourir après avoir pris en écharpe les deux passages de l'Opéra, au carrefour Drouot-Richelieu.

Le nouvel immeuble de la *New-York* portera donc le nº 1 du nouveau boulevard.

C'est là que, jadis, s'abritèrent successivement la puissante *Société des Agriculteurs de France*, alors à ses débuts; le patronage des Orphelins d'Alsace créé par le marquis de Gouvello en 1871; enfin les bureaux de la *Chasse illustrée*, dans lesquels les du Housset, les de Cherville et les La Panouse firent leurs premières armes... cynégétiques.

C'est bien là l'amorce depuis si longtemps désirée. A quand le reste maintenant?

D'aucuns s'en contenteront peut-être en disant avec une légère variante :

> Qu'importe le boulevard,
> Pourvu qu'on ait... l'amorce !

UNE RUE TRANQUILLE... AU TEMPS JADIS

A propos du *Légataire universel*, que la Comédie-Française vient de remettre à son répertoire, veut-on savoir en quel « réduit tranquille » — se sont ses propres expressions — en quel coin « retiré » de la capitale, Regnard s'était réfugié pour écrire cette pièce ? C'est lui qui, dans une de ses épîtres les moins connues, mais non les moins amusantes, va nous l'apprendre : à l'angle du « cours » — notre moderne boulevard des Italiens — et d'une rue portant le nom :

> Du Prêtre conquérant, du Prélat amiral

nous avons nommé la rue de Richelieu.

Oui, c'est là, en face des fenêtres de Robert-Houdin, que s'élevait la « paisible » demeure de Regnard. De ses fenêtres, l'auteur du *Joueur* pouvait contempler à loisir, par-delà les vastes marais de la Grange-Batelière,

les trente moulins de Montmartre, dont les ailes lui
apprenaient, chaque matin, d'où soufflait le vent...

Et, pour achever le tableau dépeint par Regnard
lui-même :

> C'est là qu'en maint endroit, laissant errer ma vue,
> Je vois croître à plaisir l'oseille et la laitue.
> C'est là que, dans leur temps, des moissons d'artichauts
> Du jardinier actif secondent les travaux
> Et que de champignons une couche voisine
> Ne fait, quand il me plaît, qu'un saut dans ma cuisine.

... Mais où sont les laitues boulevardières d'antan ?...

LE PALL-MALL PARISIEN

On vient enfin d'entreprendre la démolition, à l'angle de la rue de la Banque et du passage des Petits-Pères, d'une haute maison dont la saillie, très prononcée, sur la chaussée, faisait de la rue un boyau étroit, cause incessante d'encombrement et d'accidents en ce si passant passage. La maison qui tombe avait abrité jadis le compositeur Mondonville, maître de Chapelle à Versailles, dont Voltaire a dit dans une épître, à propos de son opéra le *Carnaval du Parnasse* :

> C'est servir des mets à la diable
> Dans la vaisselle de Germain.

Précédemment, cet endroit planté de vastes quinconces dont « l'Eglise aux Cierges » — nous avons nommé le pieux sanctuaire consacré à Notre-Dame-des-Victoires — a absorbé une grande partie, constituait le terre-plein du « Mail » — une rue toute proche en a gardé le nom — sur lequel nos grands-pères s'exerçaient aux douceurs de la paume, le *tennis* et le *golf* étant encore, à cette époque, dans les limbes de la vie en plein air... D'où le nom bizarrement orthographié de « Pale Male » qui figure sur un plan daté de 1630, que nos voisins d'Outre-Mer se sont approprié et qu'ils ont appliqué à l'aristocratique avenue qui longe *Saint-James-Park*, centre des cercles les plus fermés — les plus hospitaliers en même temps pour les Etrangers — du *West-End* londonien.

Si l'on nous permet — une fois ne sera pas coutume — de faire un peu d'érudition, nous ajouterons que le jeu du « Pale Male », — palette et maillet — a donné naissance, par les complications embrouillées dont il s'entourait, à notre expression même de « Pêle Mêle » qu'on applique de nos jours aux choses et aux situations confuses, « sans queue ni tête » et qui pourrait parfaitement servir d'épigraphe aux feuillets que nous noircissons ici au jour le jour, sans autre souci que celui de l'actualité.

DES RONDS DANS L'EAU

La partie de la berge de la Seine à laquelle les nouveaux « Agents plongeurs » de M. Lépine ont actuellement leur point d'attache est décidément vouée aux
exploits aquatiques ; c'est— si l'on peut employer
une métaphore hardie — un « champ d'expériences »
traditionnel. Là, en effet, lors de l'Exposition Uni-
verselle de 1867, s'élevait l'*Aquarium Marin* dont
les phoques savants — ah les bonnes bêtes ! — atti-
rèrent la foule qui se passionna en même temps aux
expériences des « scaphandriers » de l'époque.

Le « scaphandre », encore à ses débuts, venait
d'être, de la part de MM. Rouquayrol et Denayrouse
l'objet de perfectionnements savants, réalisant un
progrès sérieux sur l'antique « cloche à vapeur » de
nos pères. Les joutes et « combats navals », au fond
de l'eau, des scaphandriers de 1867 sont demeurés
fameux.

On jetait une pièce de vingt sous par dessus le

parapet du pont de l'Alma et les scaphandriers nous rapportaient une pièce de... cinquante centimes. Le reste était pour eux.

C'est le cas de dire que *l'argent leur coulait dans les doigts*.

Après un pareil plongeon cela se comprenait du reste !

Le *Neptune* du Pont de la Concorde (Fête du 4 Mai 1851).

D'après un dessin de l'Illustration.

A CINQUANTE ANS DE DISTANCE

1851-1901. — Vieilles lunes politiques. — Trois ans de république. — Pour chauffer l'opinion. — Un collègue de M. Flocon. — La Voie triomphale. — Tritons et cascades. — Les provinciaux à Paris. — Un fiasco. — Pétards, chandelles romaines et cataractes célestes. — Une « fête » qui se noie. — Statues en bouillie. — La charité s. v. p. — Pour qui la fête ? — Le Deux Décembre.

Il y a présentement un peu plus d'un demi-siècle que la « Souveraineté Nationale » dont l'écho va tinter encore à nos oreilles, fit entendre pour la première fois en France sa voix toute puissante. C'est, en effet, au mois de mai 1848, que la première assemblée nommée au suffrage Universel se réunit pour doter le pays d'une Constitution.

Le jour même où les *neuf cents* élus — et nous nous plaignons d'en avoir 580 ! — s'assemblèrent au palais de la Nation, ils furent « saisis » par les représentants de la Seine d'un projet de proclamation dont le texte, assez oublié d'ailleurs, mérite d'être rappelé car c'est, dans le genre pompeusement vide et déclamatoire, un véritable chef-d'œuvre.

Voici le morceau :

AU NOM DU PEUPLE FRANÇAIS

L'Assemblée Nationale, fidèle interprète des sentiments du peuple qui vient de la nommer, avant de commencer ses travaux, déclare :

La République que veut la France a pour devise : *Liberté, Egalité, Fraternité.*

Au nom de la patrie, l'Assemblée conjure tous les Français de toutes les opinions, d'oublier d'anciens dissentiments, de ne plus former qu'une seule famille,

Le jour qui réunit les représentants du peuple est pour tous les citoyens la fête de la concorde et de la fraternité. VIVE LA RÉPUBLIQUE !

Cette formule, qui porte bien son cachet de date et d'origine puisqu'elle fut élaborée pour ceux qu'on devait appeler, par la suite, les « Vieilles Barbes » de 1848, fut adoptée à l'unanimité et promulguée le 27 mai.

On sait la réponse que firent les événements à ces invocations sonores et à ces adjurations pressantes ;

les journées de juin d'abord, les émeutes et les agitations populaires qui marquèrent les trois années d'existence de la deuxième république, sont là pour le dire.

Ce que l'on sait moins, ce sont les mille moyens d'ordre divers employés par le gouvernement d'alors pour réchauffer le zèle insuffisant des populations et stimuler les ardeurs d'un sentiment qui allait chaque jour s'affaiblissant... On s'aperçut bien vite en haut lieu que le charme était rompu. Le vase était « fêlé »... Pour essayer de le réparer et pour galvaniser l'opinion, on eut recours à toutes sortes d'artifices, dont l'un, assez peu connu croyons-nous, fut placé au mois de mai 1851.

Il était sorti, armé de toutes pièces, du cerveau du ministre Léon Faucher, collègue du célèbre Flocon dont l'épouse, s'installant au ministère, s'écriait ingénuement : « A présent c'est nous qui sont les princesses ! » On lui avait persuadé qu'il fallait absolument « faire quelque chose » pour la République, et voici sous quelle forme ce « quelque chose » se traduisit.

Le premier dimanche dudit mois, la Nation fut conviée à venir célébrer à Paris toutes les gloires de la France. On comptait sur les chemins de fer, alors à leurs premiers débuts, pour déverser dans les murs de la capitale un fort contingent de visiteurs.

*
* *

A cet effet, on transforma les Champs-Elysées — l'idée a été reprise tout dernièrement — depuis la place de la Concorde jusqu'à l'Etoile en une immense *Voie triomphale*. Seize statues de « Grands français », dont deux grandes françaises, — Jeanne d'Arc et Jeanne Hachette, — furent érigées de chaque côté de la chaussée. Entre chaque statue s'élevaient des mats garnis de trophées, d'écussons et de bannières.

Sur l'arche médiane du pont de la Concorde et regardant le pont « National », un groupe représentant le *Génie de la Navigation*, des *Tritons* et des *Chevaux marins* émergeait d'une masse de rochers ayant leur base dans le fleuve ; au milieu et au travers de ces rochers se précipitait une « cascade accidentée — ainsi s'exprimait le programme — rappelant les plus belles chutes d'eau naturelles ».

Le palais de la Représentation Nationale reçut une décoration se composant de deux ailes circulaires terminées chacune par un pavillon, en retour, parallèle au quai.

Le faîte du palais fut décoré d'une « Gloire »

colossale tandis que l'église de la Madeleine était ornée de guirlandes entourant deux statues symboliques de la Foi et de l'Espérance.

Aux quatre angles du pont avaient été élevés des trépieds allumés ; les fontaines de la place de la Concorde, alors dans tout l'éclat de leur nouveauté, furent entourées de corbeilles de fleurs.

Au rond point des Champs-Elysées se dressait la statue de la « France distribuant des couronnes aux gloires du pays » ; sur le socle se lisait l'inscription traditionnelle : *Liberté, Egalité, Fraternité.*

Deux feux d'artifice tirés, l'un des hauteurs de Chaillot, l'autre de la barrière du Trône ; des illuminations générales et une retraite aux flambeaux, des distributions de secours aux indigents et des salves d'artillerie complétèrent le « menu » de ces réjouissances.

On comptait que la province donnerait en masse, et, de ce chef, on n'eût pas trop de déception. Les chemins de fer, encore à leurs débuts et aboutissant seulement aux principaux centres des départements, déversèrent dans les murs de la capitale, un immense concours de population. Mais c'est en vain que tous les efforts officiels s'étaient employés pour « chauffer » le public et « emballer » l'opinion : l'enthousiasme fit absolument défaut.

*
* *

Ce *fiasco* — le mot fut prononcé, la chose avouée dans les journaux du temps — tint à plusieurs causes.

D'abord le ciel se refusa absolument à se mettre de la partie. Le mois de mai — cela se voit quelquefois ! — avait été particulièrement pluvieux ; le jour de la fête, ce fut un vrai déluge. Une charge de l'époque rapporte que tout s'effectua en bon ordre grâce à la surveillance de l'autorité qui avait multiplié l'enseigne de la vigilance sous cette formule nouvelle et tout à fait de circonstance : « Secours aux noyés » Une autre caricature dépeint aussi cette journée : « Ceci n'est rien, ce n'est qu'une *fête* qui se noie ! »

On s'en prit aussi à l'insuffisance de certains détails d'exécution. Les statues des Champs-Elysées furent déclarées mesquines : elles se composaient de simples armatures de bois, recouvertes d'une toile sur laquelle on avait jeté du plâtre. La pluie aidant, on devine le sort désastreux qui fut réservé aux « Gloires de la France ». Ce fut une vraie bouillie.

A la Madeleine, avons-nous dit, on avait érigé les statues de la Foi et de l'Espérance ; on chercha vainement celle de la Charité et une bande de mauvais plaisants s'installa sur les marches de l'église, demandant à cor et à cris : « la charité, s. v. p. ».

Il n'est pas jusqu'aux feux d'artifice qui n'aient donné lieu, dans certains milieux, à la critique. Ils avaient débuté par une immense gerbe de *chandelles romaines*... des esprits grincheux y virent une allusion au récent siège de Rome et en prirent ombrage...

Mais ce ne sont là que des « broutilles » et des causes d'insuccés toutes relatives et superficielles.

Il y avait en réalité au manque d'enthousiasme populaire, une cause latente, mais profonde, qui devait faire explosion quelques mois plus tard.

Le lendemain de la solennité, presque tous les journaux posèrent ce double point d'interrogation : « Pour quoi la fête ? Pour qui la fête ? » et constatèrent que les cris de *Vive la République !* avaient presque totalement fait défaut.

Or, cela se passait au mois de mai 1851.

Le 2 décembre n'était pas loin... et cette « opération de police », comme on a dit, devait se charger de répondre, mieux que ne put le faire l'infortuné ministre Léon Faucher, à cette double interrogation...

UN VOL DE CANARDS BIEN PARISIENS

L'immense fondrière que la Compagnie de l'Ouest a creusée en bordure de l'Esplanade des Invalides — pour l'établissement de la ligne des Moulineaux — se transforme, aux jours humides, en un épouvantable cloaque.

C'est un véritable étang auprès duquel les marais de la baie de Somme ne sont que de la « petite bière ».

Il paraît même que le gibier s'y trompe.

L'autre matin, s'il faut en croire les bruits qui courent dans le quartier, tout un vol de *sauvagine* s'y serait abattu : sarcelles, « bécots », bécassines, même un canard sauvage...

A cette nouvelle, quelques-uns de nos meilleurs fusils parisiens auraient tressailli d'aise, mais qui dit canard, même sauvage, dit toujours un peu fumisterie... Pour les « bécots », passe encore : c'est très parisien. Mais le canard !

Méfions-nous.

LE « BAZAR INCENDIÉ »

Ce n'est pas de l'affreux bûcher — déjà quatre ans ! — de la rue Jean-Goujon qu'il s'agit ici, mais d'un établissement qui fit longtemps *florès* au boulevard des Italiens à l'endroit où s'élève la rotonde de l'imposant Crédit Lyonnais.

Sa vogue tint à ce fait qu'ayant été détruit par le feu en 1825 il fut reconstruit de toutes pièces et placé sous cette bizarre enseigne : *Au Bazar incendié*. La réclame a parfois de ces surprises.

Celle-ci sut plaire, paraît-il, aux parisiens de l'époque jusqu'au jour où, incendié de nouveau, l'inflammable bazar se métamorphosa en un curieux établissement tout fait de fer et de verre, — quelque chose comme un gigantesque aquarium — tout rempli de jouets, poissons en fer blanc et... soldats de plomb.

Ce fut là l'origine des « Galeries de Fer », sorte de « paradis des enfants » que d'aucuns ont encore connues et qui ont sur la conscience tant d'appétits enfantins déchaînés devant leurs attirantes devantures

Tandis que le premier bazar annonçait qu'il avait été incendié et s'en faisait gloire, son successeur tint à rassurer les acheteurs, en leur apprenant, par un écriteau placé en vue, qu'il était construit tout en fer... et il en tira un profit sérieux.

Le Crédit Lyonnais a mis d'accord les deux bazars en les enfouissant sous ses formidables assises.

La Galerie de fer n'a pas disparu pour cela; seulement elle est devenue souterraine...

Elle est faite des coffres-forts monstres dont la puissante banque fait l'offre *incombustible* aux clients qui, à l'encontre de Simonide, n'aiment pas à emporter tous leurs biens avec eux et y déposent prudemment leurs valeurs et leurs bijoux avant d'aller faire un tour aux bains de mer ou aux champs...

VIEUX SALONS

Succédant au Concours Hippique dans l'incommode et inesthétique « Grand Palais », le Salon va ouvrir ses portes.

Dans le monde des artistes, la démolition du vieux Palais de l'Industrie a causé quelques serrements de cœur. Combien parmi eux ont trouvé dans ces murs la gloire et la fortune après y avoir connu la lutte, le découragement, le désespoir peut-être !

Allez ! on a beau blaguer, on a beau faire profession de scepticisme, on laisse toujours quelques bribes de son âme aux choses qui ont connu votre jeunesse...

D'aucuns songeaient à rétablir l'ère des expositions en plein air.

L'histoire de Paris nous fournit, à ce sujet, quelques précédents.

Jusqu'aux approches de la tourmente révolutionnaire, le Salon annuel se tenait sous la coupole des cieux et les toiles étaient accrochées aux murs des maisons du pont Neuf et de la place Dauphine.

La Fête-Dieu était le jour choisi pour cette exposition qui, à l'origine, ne comportait que des sujets pieux destinés à décorer le reposoir que les orfèvres du quartier élevaient en cet endroit. Petit à petit, le profane se mêla au religieux ; l'habitude vint d'exposer au pont Neuf des sujets de tout genre ; les portraits, ceux de femmes surtout, y furent bientôt en majorité, et, au-dessus des portraits, les modèles — belles dames et gentes demoiselles — venaient souvent s'accouder aux fenêtres pour juger de l'impression produite sur le public, aussi empressé à admirer les originaux que les copies...

Hélas ! étant donné à présent le nombre de nos peintres, tous les murs de Paris réservés à l'affichage ne suffiraient pas...

———

BAGATELLE !

On a parlé, tous ces temps-ci, de pourparlers engagés en vue de l'acquisition éventuelle par la Ville, du beau château de Bagatelle, le bijou de notre moderne Bois de Boulogne.

Ce joyau si longtemps caché dans son écrin — car Bagatelle a presque toujours été impitoyablement fermé aux visiteurs — avait été commandé par Madame de Charolais avant de passer aux mains du comte d'Artois qui le vendit, au début de la Restauration, à lord Hertford, moyennant la somme de 313.000 francs, sur une mise à prix de 100.000 francs.

Sir Richard Wallace en devint propriétaire au commencement de l'Empire, c'est là qu'il mourut en 1890, après avoir dépensé, pour l'embellissement du parc merveilleux dessiné jadis par Varé, la somme rondelette de quatre millions...

Une « bagatelle » qui n'est pas à la portée de tout le monde.

————

BOULEVARD ET PRINTEMPS

*La Terrasse. — Mars et Vénus. — Marivaudages
et Marivaux. — En sortant de la « Laïque ». —
Apostrophe foudroyante. — Un monsieur qui court
encore.*

... Cela a l'air d'un titre de valse à la Waldteuffel :
c'est une simple « vision » boulevardière.

Tout un chacun connaît le retrait que forme, sur
l'emplacement des anciens « Fossés Saint-Denis »,
le boulevard Bonne-Nouvelle, entre le Gymnase et
la *Ménagère* nouvellement réédifiée et qui, pour sa
construction, ne semble pas avoir *ménagé* son argent.
Ce terre-plein connu dans le quartier sous le nom de
Terrasse est orné d'arbres plantés en quinconces et
provenant de l'ancien « Jardin de Paris », arbres qui
ne se plaindront pas qu'on ne cherche pas à les
égayer puisque si on les a enlevés du bal c'est pour
les mener au théâtre...

Dès que sonne la mi-avril et que les marronniers commencent à se parer de leurs premiers bourgeons, la *Terrasse* devient le champ-clos où Mars, sous les traits de Pitou, vient marivauder — on est tout près du Gymnase ou Marivaux est classique — avec ses légions de Vénus représentées par de plantureuses nourrices...

Pitou, lui, est toujours correct et sur le « qui-vive »; il a toujours, suspendue sur sa tête, l'épée de Damoclès, c'est-à-dire celle du « chef » ou du lieutenant qui peut surgir, à tous moments, sur l'asphalte du trottoir.

Quant aux nounous, loin de l'œil du maître, elles en prennent plus à leur aise, et bien souvent elles paraissent attacher beaucoup plus d'importance à l'ajustement de leur « couronne » ou aux propos de Pitou, qu'aux ébats de leurs nourrissons dont les symphonies sur le ton mineur — très mineur — viennent parfois les rappeler au prosaïque terre à terre de la réalité des choses.

Vers quatre heures, chaque jour, les fillettes de la « Laïque » voisine viennent s'emparer de la « Terrasse ». A partir de ce moment, nul — fût-il... terrassier — ne peut s'aventurer en ces parages réservés exclusivement aux ébats du cerceau, du volant, des « grâces » ou de la corde à sauter. Tout cela est très pittoresque ; mais enfin il y a des gens que ne captivent pas les émotions du « pied joint » ou du « vinaigre »... Ceux-là trouvent parfois qu'on la leur fait un peu... à l'oseille !

Témoin l'inoffensif passant qui, s'avanturant par malheur dans ce juvénile « gynécée », se vit tout à coup privé de son couvre-chef par l'écart brusque d'une corde inconsidérée.

Comme il esquissait une timide grimace, ne s'attira-t-il pas, de la part d'une des jeunes belligérantes, cette apostrophe foudroyante : « De quoi ? de quoi ? qu'est-ce que ça lui fait à *celui-là* ? C'est y que ça le générait qu'on sauterait à la corde ?... »

Celui-là n'a pas voulu corriger le... mauvais français de la gamine courroucée ; il s'est empressé de sauter... non pas à la corde, mais sur son chapeau.

Il court encore, croyons-nous.

ARGENT BIEN EMPLOYÉ

Comme Madame Deshoulières serait heureuse!... Nous venons d'apprendre que des travaux d'embellissement allaient être entrepris sur différentes parties des berges de la Seine; les crédits afférents aux seuls abords du Pont-au-Change s'élèveront à 63.000 francs. Ce sera, en ce qui concerne ce point de la traversée de Paris, joindre l'utile à l'agréable, car le fond sur lequel reposent les assisses du pont, nous l'avons déjà dit, n'est pas des plus solides.

La plus grande partie du crédit sera employée à rafraichir cette délicieuse terrasse du « Vert-Galant » qu'enjambe le Pont-Neuf et qui forme comme une gerbe de fleurs émergeant de la rivière. Au milieu des quinconces nouveaux, notre bon roy Henry pourra trouver une fois de plus, que « Paris vaut bien une messe »...

Pourvu au moins qu'on n'ait pas la fâcheuse idée d'orner la terrasse de cette « proue de navire » dont un architecte municipal, bien intentionné,... nous voulons le croire, a conçu l'inélégant projet !

Le surplus des sommes votées servira à transformer en parterres verdoyants les berges de la Seine entre les ponts de la Concorde et d'Iéna.

Les « brebis » seules manqueront à l'appel...

———

A PROPOS D'UNE STATUE

On répare, en ce moment, sur la place de la Concorde, la statue de la ville de Brest fort malmenée par la pluie et le vent... de mer, sans doute. Cette statue qui surmonte l'un des huit pavillons construits par Gabriel sortit des ateliers de Cortot et fut inaugurée, on le sait, en 1838.

Ce que l'on sait peut-être moins, c'est la destination provisoire que reçut cette statue, dix ans plus tard, au lendemain des journées de juin... C'est elle qui servit de base à l'autel, surmonté d'un dôme monumental, qui fut élevé le 6 juillet 1848, par ordre de l'Assemblée Nationale, en l'honneur des victimes de ces heures néfastes.

Une cérémonie funèbre s'y déploya en grande pompe... Tout le clergé de Paris y avait été convoqué et ce furent les ecclésiastiques, membres de l'Assemblée Nationale, Lacordaire, député de Marseille, et l'abbé Daniélo, député de Lorient, en tête, qui y récitèrent les prières des morts devant l'armée et les corps constitués rangés en bataille.

Naturellement l'inscription coutumière : *Fraternité* s'étalait à cette occasion, sur tous les murs de Paris.

En ont-ils vu, ces pauvres murs parisiens, de toutes les couleurs !

LA RUE MOGADOR

Le vilain pâté de maisons noires et rébarbatives, qui séparent les rues Saint-Lazare et Joubert va enfin livrer passage à la rue Mogador qui attend depuis 1865 son achèvement définitf. Les propriétaires de cet « îlot » n'ont jamais rien voulu savoir : ils ont lutté et résisté pendant trente-cinq ans ; ils sont vaincus... C'est pour la Ville, une nouvelle victoire de... Mogador.

Elle l'a payée cher, d'ailleurs, très cher, paraît-il.

La rue Joubert, qui va se trouver de la sorte percée de part en part, eut comme sa voisine, la rue de la Victoire — très impériale aussi celle-là ! — le privilège d'abriter plusieurs héros de l' « Epopée ». Sans oublier Joubert, Caulaincourt, duc de Vicence ; Lefebvre, duc de Dantzig, et... mari de *Madame Sans-Gêne*; le général Digeon et le général Vatrin y eurent leurs pénates... C'était un quartier militaire par excellence.

Madame Ancelot y demeura, elle aussi ; son salon s'y ouvrait, en des mercredis célèbres, au n° 15, à la Littérature et à la Diplomatie. Tout ce qu'on y dépensa d'esprit ne tiendrait pas dans un volume. Ancelot, l'Académicien, fut, pour son malheur, directeur du Vaudeville ; il y perdit sa fortune, mais y gagna un gendre. Au cours des procès qu'il eut à soutenir, il fit la connaissance de M⁰ Lachaud et lui donna sa fille.

La nouvelle rue Mogador, à son débouché sur la rue Saint-Lazare, emprunte les terrains du « bureau des droits d'entrée » dépendant de l'Hôtel-Dieu et d'un immeuble qu'habita le cardinal Fesch dont le nom est resté attaché, pendant quelques mois, à la rue voisine, ouverte, un peu avant la guerre, entre la Trinité et la rue Lafayette et qui, depuis 1871, a pris le nom de Châteaudun.

L'hôtel du cardinal Fesch s'élevait en bordure de la rue de la Chaussée-d'Antin, alors du « Mont-Blanc »; on y accédait par une longue avenue qui existe encore — mais sans arbres — sous la forme d'une longue voûte noire qui aboutit à un établissement hydrothérapique, que la nouvelle rue va « manger ».

Rue gourmande...

———————

FORÊTS PARISIENNES

Le phénomène qui hantait le cerveau de Shakespeare est en train de se réaliser et il n'y a pas qu'au théâtre que les forêts marchent.

Pour s'en convaincre, il suffit d'aller faire un tour au Quartier latin. On y trouvera, dans le nouveau square de la Sorbonne, aménagé sur l'emplacement de la vieille et classique Librairie Delalain, hier encore terrain inculte et désolé, une véritable futaie de beaux arbres, aux troncs puissants, aux ramures pleines de verdoyantes promesses, qui ont été amenés, sur d'énormes fardiers, du fond de nos bois domaniaux.

Il paraît que l'administration entend procéder désormais par « changements à vue » et substituer, dans ses plantations, aux arbrisseaux malingres et rachitiques, dont elle use habituellement, des arbres en pleine force et en plein rapport... Un peu plus de terre végétale à la clef, parait-il, et tout est dit.

MM. les étudiants sont ravis de cette aubaine qui leur fournit, du jour au lendemain, une forêt toute poussée et « des sentiers ombreux » où ils pourront s'égarer à leur aise... au printemps prochain.

———————

LE « MOULIN DE LA VIERGE »

On vient d'en retrouver les restes — en forme de tour hexagonale — à demi enfouis sous un amas de terres rapportées, à l'angle d'une ruelle du quartier de « Plaisance » — c'était jadis un *plaisant* séjour rural — qui porte encore son nom.

Cette intéressante découverte évoque un vieux souvenir. Si l'on se reporte au plan de l'abbé de la Caille, paru en 1776, on voit que le « Moulin de la Vierge » avait pour voisin et pour rival le « Moulin Janséniste ». Le premier avait une clientèle bien pensante ; ceux qui étaient de la « Vache à Colas » s'approvisionnaient au second... Et l'on en venait parfois aux coups entre partisans respectifs des deux moulins !

La Révolution mit d'accord les moulins en leur coupant à tous deux les ailes...

Et là où se faisaient moudre des farines de nuances diverses, on voit de nos jours des ateliers de force motrice et des « Secteurs » électriques...

C'est le progrès.

———

DE L'EAU, DE LA BOUE, DU SEL

Ceci ressemble singulièrement au titre d'un roman, le dernier succès de M. Edouard Drumont : mais c'est tout simplement la fière devise que les agents de l'administration, balayeurs « lanciers du préfet » et autres, pourraient arborer à leur coiffure...

Pour aider les effets « émollients » de la baisse thermométrique et faire disparaître au plus vite les traces du récent gel, M. de Selves a doublé les équipes préposées au nettoyage de la voie publique.

Cette œuvre de propreté donnera sous peu — espérons-le, mon Dieu ! — d'heureux résultats ; mais en attendant, Paris n'est plus qu'un immense cloaque où l'on patauge à qui mieux mieux, et tout le long de nos rues, ce n'est qu'un échange d'imprécations ou de propos... salés.

————

LA PIROUETTE DES HALLES

La rue Pirouette, qui doit sans doute sa sautillante dénomination à la façon bizarre dont elle tourne plusieurs fois sur elle-même, est en ce moment sens dessus dessous. Les travaux de dégagement des abords des Halles l'ont éventrée de part en part et les vieilles maisons, aux vieux heurtoirs traditionnels et aux ferrures séculaires, qui la bordaient auront bientôt toutes disparu l'une après l'autre.

C'était le quartier général des « fabriques » d'escargots, d'épinards cuits et autres ingrédients formant l'industrie des « Arlequins ».

Au milieu, se voyait jadis le fameux « puits d'amour » à la margelle duquel s'échangèrent tant de serments... éternels.

L'une de ces maisons, jadis à l'usage d'hôtellerie sous l'enseigne pittoresque : *A la Pirouette des Halles*, vit naître Regnard, l'immortel auteur du *Joueur* et du *Légataire universel* dont le père, Pierre Regnard, était marchand de salines aux Halles.

Saluons-la d'un dernier adieu avant que, pour cause d'alignement, elle ne fasse à son tour le plongeon... ou la *pirouette !*

CE QUI S'EN VA

On est en train de jeter bas, au n° 21 de la rue Croix-des-Petits-Champs, une vieille maison dont le passé « ondoyant et divers » mérite de nous arrêter un instant.

Après avoir servi de résidence, au seizième siècle, à l'abbé de Saint-Honoré, dont l'église était tout proche, — son cloître existe encore, — elle se transforma en une hôtellerie célèbre, connue sous le nom d'*hôtel de Bretagne*, où la légende a fait descendre le chevalier de Faublas et qui servit de berceau à de royales amours ; c'est là, paraît-il, que se donnèrent les premiers rendez-vous de Louis XV et de la future marquise de Pompadour.

Passé dans les mains de la famille de Juigné, l'hôtel fut confisqué en 1792 et vendu par la Nation.

Le journal *l'Eclair*, à ses débuts, s'installa dans cet immeuble.

Ses destinées ayant cessé d'être... orageuses,

l'Eclair s'en est allé briller ailleurs et l'ancienne hôtellerie va se transformer en une tranquille maison bourgeoise. Faublas, Louis XV et la jolie marquise s'y trouveraient dépaysés...

LE TRAMWAY *I BIS*

Voilà un écho qui a l'air de nous arriver du pays des Pharaons. Et pourtant ce n'est pas sur les bords du Nil que circule le tramway *I bis*, mais tout simplement entre la place de la Nation et la mairie de Saint-Ouen. Cette dénomination bizarre vient ce qu'il sert, depuis quelque temps, à « doubler », dans sa partie suburbaine, le tramway *I*, tout court, qui, lui, s'arrête à la porte de Clignancourt.

Sur les inscriptions qui ornent son « impériale » et sur les correspondances qu'il délivre, le tramway en question — qui d'ailleurs file et qui pousse des cris rauques, tout comme l'oiseau sacré — n'en porte pas moins la singulière mention : *I bis*, qui, à première vue, semble être une énigme.

L'Œdipe du crû, un honnête conducteur à la corne stridente, nous l'a complaisamment expliquée l'autre jour en nous en donnant le mot en même temps qu'une... correspondance.

AUX ÉPINETTES

La création du square des Epinettes, où l'on inaugura naguère le buste de Maria-Deraismes, va avoir pour corollaire divers embellissements bien dûs à ce quartier déshérité de la périphérie parisienne, dont le triste horizon a pour limites le glacis des fortifications et la tranchée du chemin de fer de ceinture. Il y avait là, au siècle dernier, — le plan de Roussel en fait foi — une immense plaine giboyeuse, plantée d'épines-vinettes — dont les grives sont folles — et de « joncs marins », cette Providence de la gent lapine...

Hélas ! les épinettes du temps jadis ont cessé de fleurir là ; il y a belle bûche qu'on en a fait des fagots. Leur nom seul — comme un parfum mort — est resté attaché à ce quartier.

On devrait bien planter dans le nouveau square, quelques pieds d'aubépine rustique. Cela aurait un cachet local... et l'odeur en est si douce !

— Et puis les habitués du square ne s'y frotteraient pas...

Ce serait tout profit.

LA « SALLE DU SÉNAT »

Rassurez-vous ! Il ne s'agit pas de celle où l'on a vu fonctionner la Haute-Cour, mais tout simplement d'une des annexes, d'un des « salons particuliers » du fameux *Château-Rouge* dont les débris jonchent le sol de la vilaine rue Galande, jadis de *Garlande*, du nom d'un hôtel aristocratique qui s'y élevait... il y a quelques lustres de cela.

Cette « salle du Sénat » devait son nom à la clientèle d'élite — il fut un temps où le Sénat était Chambre des Pairs — qui la fréquentait. Il fallait, pour y être admis, montrer patte... blanche et les « rupins » seuls y étaient reçus, à l'exception de la clientèle ordinaire — *ordinaire* est une façon de parler — de l'endroit, et des simples consommateurs de passage.

Que de « manilles » palpitantes se sont déroulées là, entre deux mauvais coups à faire ! Le Père François en sait quelque chose... M. Goron aussi, lui qui a fait au *Château-Rouge,* ses plus beaux coups de filet...

La police, en effet, connaissait le *Château-Rouge* dans ses coins et recoins... Elle fermait les yeux sur ce qui s'y passait, sauf à les rouvrir au bon moment grâce à de précieux *indicateurs* qu'elle y entretenait.

Désormais elle n'aura plus à veiller sur la « salle du Sénat » de la rue Galande. Tout son effort pourra se concentrer autour de l'autre, celle du Luxembourg...

A BAS LE RÉSERVOIR !

La rue Vaneau, dans la partie étroite et misérable de son parcours, par delà la rue de Babylone, va se transformer en une voie spacieuse grâce à la démolition des affreuses maisons qui la bordaient — celle entre autres où se consommait, il y a quelques années, le supplice de « l'enfant martyr » — et derrière lesquelles apparaît, insoupçonnée jusqu'à ce jour, la perspective des jardins riants de l'hôpital Laënnec, parsemés de pavillons aux toits pointus, aux tourelles élancées, le tout de pur style Louis XIII.

C'est un vrai régal pour les yeux surpris de cette évocation subite.

Mais pourquoi faut-il que l'Administration ait cru devoir laisser debout, tout au premier plan, une haute et affreuse tour informe et branlante dont la présence vient tout gâter ?

Elle sert, paraît-il, de réservoir... Espérons qu'on lui réservera une place ailleurs !

LE CIMETIÈRE DE LA RUE NICOLE

Nous sommes au quartier de Port-Royal et la rue Nicole, bien placée en cet endroit, est en train de poursuivre sa course à travers les terrains dépendant jadis des carmélites de la rue d'*Enfer*, une vieille rue parisienne dont l'édilité a cru devoir faire la rue *Denfert-Rochereau*.

L'ornement principal — et fort vilain — de la rue prolongée sera l'Ecole municipale Lavoisier, dont la façade *modern style* se dresse derrière une forêt d'échafaudages.

Il y a quelques temps le percement du premier tronçon de la rue Nicole fut l'occasion de trouvailles du plus haut intérêt. En remuant le sol de ce vieux coin de Paris on découvrit cent soixante pierres tombales et sept cents objets différents : vases en poterie, urnes, colliers, médailles gallo-romaines d'un travail remarquable et d'une conservation parfaite dont le musée de Cluny a hérité.

Il y avait évidemment là, aux temps préhistoriques, un cimetière important.

Peut-être les travaux en cours nous ménagent-ils des nouvelles surprises.

Le monde des archéologues est en émoi ; Cluny a ouvert l'œil, mais il paraît que cette fois-ci Carnavalet se met sur les rangs.

Ces deux musées frères vont-ils devenir ennemis ?

MARCHÉS VOLANTS

L'avenue de Breteuil, dont les larges terre-pleins vont se métamorphoser en vertes pelouses et recevront la statue de Pasteur par Falguière, se trouvera, par le fait, privée de son « marché volant »... le mot « volant » n'étant pas pris dans un sens péjoratif et n'impliquant aucune idée d'indélicatesse, mais étant simplement employé comme synonyme de « provisoire » ou de « mobile ».

Chaque soir, à la chute du jour, on peut voir arriver en ces parages, traîné par un cheval étique, un immense camion dont la charge, — telle une roulotte de forains — se compose d'un attirail complet de campement : tréteaux, toiles bises, piquets de bois, crochets de fer.

Deux hommes émergent de ces profondeurs : l'un, porteur de pieux qu'il plante successivement dans de petites ouvertures ménagées *ad hoc* dans le macadam du terre-plein, tandis que l'autre, qui le suit immédiatement, s'arc-boutant à la force du poignet, accroche ses bandes de toiles aux piquets qui viennent d'être fichés en terre et les déroule soigneusement en manière de toiture.

En un clin d'œil la besogne est achevée ; le marché est prêt ; il n'attend plus que les commères du quartier de l'Ecole Militaire.

Bientôt ces dernières seront contraintes d'aller chercher fortune plus loin... sans faire danser d'ailleurs l'anse du panier.

Le « marché volant » de Breteuil a vécu ; mais le « marché volant » du Gros-Caillou est toujours debout ; celui de Chaillot de même...

En vérité, je vous le dis : il y aura toujours à Paris des marchés « volants » !

IL FAUT QU'UNE RUE SOIT OUVERTE
OU FERMÉE...

Celle dont nous voulons parler vient d'être fermée à ses deux extrémités par deux énormes portes de bois massif. Il s'agit de la rue d'Olivet qui réunissait les rues Vaneau et Pierre Leroux, là-bas, derrière la Maison Saint-Jean-de-Dieu.

C'était une rue modeste; large de six mètres à peine elle en comptait au plus soixante de développement.

Elle a pourtant sa petite page d'histoire, de sombre histoire. Aux heures sinistres de la Commune, ce fut l'un des derniers centres de résistance locale des « fédérés » de la rive gauche. L'un des lieutenants de Millière — était-ce Lullier ou Da Costa ? nous ne savons au juste — y subit les rigueurs de la « Loi Martiale », après avoir fait une défense acharnée derrière la barricade de l'impasse Oudinot, tout contre l'hôtel de la famille de Malartic.

La rue d'Olivet vient d'être officiellement « déclassée ». Elle ne figurera plus dans la nomenclature officielle des rues de Paris ; on l'a convertie en remise pour les tonneaux et les « balayeuses » du quartier.

Les mânes du savant grammairien, l'abbé d'Olivet, parrain présumé de cette ruelle, vont frémir d'indignation et le riant village d'Olivet, célèbre dans la banlieue orléanaise par ses petits fromages blancs va prendre le deuil...

Espérons que les petits fromages ne suivront pas le mouvement.

————

LES « DÉBITS DE TEMPÉRANCE »

C'est du sud aujourd'hui que nous vient la lumière. La municipalité de Bordeaux, pour arracher les ouvriers du port aux affreux « assommoirs » qui déshonorent la grande cité girondine vient d'inaugurer le premier des « débits de tempérance » dont elle a décidé la création. Cela a été une vraie fête à laquelle assistaient tous les fonctionnaires de la ville, préfet en tête.

Le nouveau bar officiel ne servira, au prix unique de dix centimes le verre, que des boissons purement hygiéniques : vin blanc ou rouge « venant directement de la propriété », lait, café ou thé.

Les « champoreaux », petits verres et autres « bistouilles », n'ont qu'à bien se tenir.

Le « débit de tempérance » se présente sous la forme d'un élégant chalet en bois peint. Pour le décorer, on a fait choix de couleurs également hygiéniques : *lie-de-vin, crème,* avec rechampis...

vert d'eau — couleur essentiellement de tempérance.

C'est petits édicules là ne le seraient pas du tout — ridicules — sur tel ou tel de nos boulevards extérieurs.

TUNIQUES BLEUES ET COLLETS ROUGES...

La *Fille de Madame Angot* n'a rien à voir ici. Nous voulons simplement parler d'une petite transformation dans l'uniforme de nos *pious-pious*. Depuis quelques jours, une cinquantaine de petits « lignards » appartenant au 46e d'infanterie — l'hôte actuel de l'historique caserne de Reuilly — portent triomphalement sur leurs tuniques neuves d'un beau bleu de France, des collets rouges destinés à remplacer, pour toute la garnison du Gouvernement de Paris, les collets jaunes traditionnels. Cela leur donne à nos lignards *modern style*, l'apparence de cuirassiers..... en petite tenue.

Le nouveau collet rouge paraît être tout à fait au goût de nos petits troupiers qui se rengorgent avec fierté.

Ils se rappellent peut-être qu'au Grand Siècle on prisait fort le rouge. Il est vrai qu'on le mettait aux talons et non aux collets.

Mais qui sait ? Peut-être va-t-on rougir, à leur tour, les talons des « godillots » classiques ?

———————

LA GARE BORGNE

Une gare sans horloges ressemble un peu à un visage sans yeux... Tel était hier encore le cas du nouveau terminus de la Compagnie P.-O. dont les deux pavillons d'angle, en bordure du quai d'Orsay, percés de deux immenses cavités béantes, attendaient les cadrans classiques dont la seule vue donne la chaire de poule lorsqu'ils marquent l'*heure* alors que le train part à... « moins cinq » !

Or, on a procédé enfin, à la mise en place de l'un des cadrans en question dont le diamètre, *six mètres* s. v. p., se divise en douze tranches — telle une galette monstre — de glace dépolie sur lesquelles vont courir de gigantesques aiguilles semblables à des fers de lance, les fers qui se remuent dans la plaie de l'infortuné voyageur talonné par l'heure fatale du départ...

La nouvelle gare d'Orléans a donc cessé d'être aveugle : elle n'est plus que « borgne ». Demain sans doute, elle sera en possesion de ses deux yeux qui, le soir venu, jetteront leurs feux — tels deux phares immenses — sur la berge de la Seine.

C'est une gare qui n'aura pas froid aux yeux.

Notons que la Compagnie d'Orléans, malgré la *pression* que le bureau des Longitudes a faite sur elle, ne s'est pas décidée à adopter le nouveau décomptage des heures, de 1 à 24, que le journal l'*Eclair* a déjà adopté pour son cadran du faubourg Montmartre, et qui est en vigueur chez nos voisins d'Italie et de Belgique.

Paris retarde encore sur Bruxelles, pour une fois, savez-vous !...

VOIE CLASSÉE

A l'inverse de la rue d'Olivet, dont nous parlions un peu plus haut et qui vient d'être mise en réforme, l'ancienne impasse Rodier a été « classée ». C'est-à-dire promue au titre de la voirie parisienne : de privée, elle est devenue publique.

La rue nouvelle s'ouvre à mi-côte de la butte des Martyrs et va aboutir à la rue Milton prolongée. Cet escarpement fut longtemps occupé par le cimetière de Saint-Eustache bizarrement dénommé *Coquenard,* comme la rue voisine (rue Rodier actuelle).

L'étymologie de cette appellation est amusante. — Dès le règne de Louis XIII, ce quartier regorgeait de « guinguettes », dans les prix doux, et les cuisiniers de Paris y régnaient en maîtres... queux. Ils établirent même le siège de leur confrérie aux « Porcherons », — le *pavillon Henri IV,* ou le *Cadran-Bleu* de l'époque, — dont les tonnelles en plein air étaient limitrophes du cimetière Saint-Eustache.

Comme le mot cuisinier se dit, en latin... de cuisine : *coquinarius,* on eut vite fait d'appliquer au quartier le nom de ceux qui faisaient sa fortune.

Et pendant près de trois siècles la rue *Coquenard,* dont nous avons fait notre moderne « goguenard », figura sur les plans de Paris.

La reconnaissance de l'estomac, quoi !

LE GALOUBET

Un petit opuscule, devenu, parait-il, assez rare, nous est passé récemment sous les yeux; il porte le titre suivant : le *Galoubet*, chansonnier par L.-T· Gilbert, à Paris, chez Peytieux, libraire, 121, passage du Caire, en 1823.

C'est un recueil de chansons et de rondes populaires dont l'une, au moins, mérite de nous retenir un instant. Elle est intitulée : *Je n'y suis pas, j'y suis toujours*, et se chante sur l'air du *Galoubet*.

Elle débute ainsi :

Je n'y suis pas
Lorsque tout bas
J'entends sur notre politique
Tenir d'insipides discours :
Mais au lieu d'un bruit polémique,
Quand j'entends un refrain bachique,
J'y suis toujours.

.   .   .   .

Passons au huitième et dernier couplet :

> Je n'y suis pas,
> Pour le trépas
> Armé de sa faux meurtrière
> De ma vie abrégeant le cours ;
> Mais pour le temps, en qui j'espère,
> S'il veut prolonger ma *carrière*,
> J'y suis toujours !

Ne pas oublier que ceci fut imprimé il y a soixante-dix-huit ans et surtout n'y voir aucune allusion.. présidentielle !

———

LA « DESSERTE » DE L'EXPOSITION

Dans un coin perdu de faubourg, entre le petit cimetière de Grenelle et le talus du chemin de fer de ceinture, l'administration de l'Exposition a loué deux immenses terrains, clos de murs, naguère consacrés à la culture maraîchère, pour y empiler la « desserte » de l'Exposition, nous voulons dire toutes les caisses de bois qui ont servi au transport des merveilles « internationales » que nous admirions sur les deux rives de la Seine.

Nous n'irons pas jusqu'à dire que le contenant vaille le contenu... mais c'est tout de même un spectacle intéressant que celui de cette « forêt de bois », — la hauteur des caisses amoncelées dépasse de beaucoup celle des maisons voisines — remplaçant, en plein air, les plants de choux et de poireaux qui constituent le rendement habituel des « bas-champs » de Javel...

Bientôt les maraîchers prendront leur revanche et il y aura encore de beaux jours pour les choux de Paris...

LE LIT DE L'EMPEREUR

On vient de vendre ces jours-ci, à Etaples — un joli petit port des environs de Boulogne-sur-Mer — une maison « historique » dont la curieuse façade porte en relief le médaillon de Napoléon Ier et une inscription rappelant que le grand Empereur y a été reçu « lors de ses deux visites à la Flotille et au camp de Le Faux, en 1804 ».

Parmi les objets garnissant cette maison et qui ont été dispersés au vent des enchères, figurait le lit dans lequel l'Empereur s'était reposé à plusieurs reprises. C'est une modeste couchette en bois blanc rehaussé de rechampis dorés et portant, à son chevet, l'aigle impériale.

Précieusement conservé jusqu'à nos jours, le « lit de l'Empereur » a été sur une simple mise à prix d'un louis, adjugé cent soixante-quinze francs, avec son baldaquin !

Plus d'un amateur parisien de reliques napoléonniennes regrettera peut-être cette « occasion ».

LA « VALLÉE SUISSE »

Ceci n'est pas un écho sur ce petit coin d'Exposition qui eut tant de succès l'an passé... D'abord, c'était un « village suisse » que l'on voyait à l'Exposition ; et c'est d'une « vallée » que nous voulons parler aujourd'hui.

Celle-ci était enfouie dans le fin fond de notre vieux Jardin des Plantes — là-bas, tout au bout de Paris, du côté d'Orléans... Située entre le Grand Amphithéâtre et la « Rotonde », la « Vallée Suisse » se présentait sous la forme d'un pittoresque assemblage d'escarpements vallonnés et de vertes prairies où paîssaient en liberté quelques ruminants aussi gras que pacifiques, faisant fort bon ménage avec les *axis* ou cerfs du Bengale, leurs voisins.

L'entrée de la Vallée était « commandée » par un joli groupe de marbre : *La Chèvre aux Enfants* qui était, là, tout à fait à sa place.

Tout cela vient de disparaître sous les coups des

maçons qui vont maçonner là de banales constructions en « meulières » ultra modernes.

Les habitués du Jardin des Plantes sont dans la désolation. Pour eux, la « Vallée Suisse » est devenue une Vallée de larmes...

O « maçonnerie » que de crimes on commet en ton nom !...

LE PALAIS DU RÊVE

Au Trocadéro. — Lendemain de fête. — Les dessous du « Pnôm » indo-chinois. — Un nid pour l'Aiglon. — L'ancien couvent des Bonshommes, — Le livre de M. Laffitte et les aquarelles de M. Foulon. — Un grand projet. — Victoires ou défaites. — D'Iéna à Waterloo. — Les « feux de mine » de 1826. — La fin du rêve. (Janvier 1901).

L'infortuné parc du Trocadéro est en plein bouleversement. A la place de ces gracieuses constructions empruntées à l'architecture des cinq parties du monde, qui, durant un an, jetèrent là une note exotique si aiguë et si amusante, on ne rencontre plus aujourd'hui que trous béants, ornières profondes avec, pour couper l'horizon, les lamentables silhouettes de carcasses branlantes, là où nous avons tant admiré — et aimé — le pavillon du Transvaal, le palais russe ou encore le Pnôm indo-chinois, le dernier survivivant, celui-ci, de la pléiade, que l'on espérait devoir être conservé comme un des plus curieux souvenirs de la grande fête de 1900, mais dont, hélas ! la destruction a été, à son tour, décidée.

Or, c'est précisément en commençant les travaux de démolition de la merveilleuse grotte souterraine sur laquelle se dressait la pagode des Bouddhas, qu'une découverte des plus intéressantes vient d'être faite.

En fouillant le sol, la pioche du démolisseur s'est heurtée aux parois d'un énorme mur de soubassement, qu'on ne soupçonnait pas, enfoui à plusieurs mètres sous terre, bien antérieur à la construction du palais du Trocadéro, édifié en 1878, assez éloigné, d'ailleurs, de cet emplacement, et qui semble n'être rien moins que le dernier vestige des assises d'un monument quelque peu oublié et perdu de vue de nos jours : le *Palais du Rêve*.

*
* *

Le Palais du Rêve !... C'est sous ce titre attachant que, dans une savante monographie parisienne, M. Laffitte désigne cette grandiose construction entreprise à coups de millions, qui, dans la pensée du grand Empereur, devait devenir le palais du Roi de Rome pour servir de nid — un nid haut perché sur les rives de cette Seine « qu'il aimait tant » — à l'Aiglon depuis si longtemps espéré et attendu...

Nous sommes en 1811. L'impérial enfant vient de naître et Napoléon qui, de longue date, médite son projet, mande aux Tuileries ses architectes ordinaires, Fontaine et Percier. « Je veux, leur dit-il en substance, établir en face de Paris, à la porte de ma capitale, pour lui servir d'entrée d'honneur, le monument le plus beau et le plus vaste du monde. J'ai choisi comme assises les hauteurs de Chaillot où s'élevaient jadis le couvent de la Visitation et l'abbaye des *Bonshommes*. Le palais prendra le nom du Roi de Rome. Tout devra y être digne de lui et de moi. En dehors des grands appartements d'honneur, des salles de fêtes et de réception, il faudra que je puisse m'y installer honorablement avec l'impératrice ainsi que notre enfant ; que les divers Rois, Reines, Princes et Princesses de ma famille, ainsi que toute ma Cour, mes grands dignitaires, y aient un logement. Je désire, en outre, que les Arts, les Sciences, l'Université, les Archives, y possèdent leur palais particulier. Je veux créer, en un mot, un Kremlin cent fois plus beau que celui de Moscou ; ce sera ma cité impériale : la Cité napoléonienne ».

Il dit... et aussitôt Fontaine et Percier se mirent à l'œuvre. Les carrières de la butte de Chaillot furent immédiatement fermées ; les plans furent dressés et soumis au Maître, en même temps que deux ravissantes aquarelles laissant deviner ce que serait le futur palais ; pièces du plus haut intérêt artistique et historique, que l'on a pu admirer à l'Exposition de 1900, dans les salles de la « Centenale » de l'ameublement et qui sont la propriété du très distingué secrétaire général de la Compagnie de l'Ouest, M. Foulon, petit-neveu par alliance de l'architecte Fontaine.

*
* *

L'aspect de ce *Palais du Rêve* est imposant. « Qu'on se figure, écrit M .Laffitte, sur le sommet du Trocadéro, le palais de Versailles, côté des jardins, rehaussé de colonnes superbes et précédé d'une double colonnade comme celle du Bernin à Saint-Pierre de Rome ». Cette monumentale construction devait se dresser au haut de trois terrasses successives s'élevant, en pente douce, au-devant du Pont-d'Iéna. Les appartements de gala tenaient toute la façade donnant sur la Seine. Du côté de Passy s'élevait la salle de spectacle ; du côté de Chaillot, la Chapelle.

Les appartements de l'Empereur, de l'Impératrice et du Roi de Rome étaient situés à l'ouest, faisant face à un immense parterre s'étendant jusqu'au bois de Boulogne, entre deux magnifiques avenues descendant, à gauche, vers la Muette, à droite, vers l'Etoile ; elles représentaient à peu près nos modernes avenues Kléber, longtemps dénommée du Roi de Rome, et Henri-Martin. Quant au bois de Boulogne, il devait tout simplement servir de parc au nouveau palais. Le château de la Muette eût été transformé en vénerie.

Ce grandiose aménagement devait être complété sur la rive gauche, par la transformation du Champ de Mars. Pour encadrer l'Ecole Militaire, on eût édifié, à droite, les Palais des Arts, des Archives, de l'Université, le Palais du Grand-Maître, les habitations des savants émérites et des hommes célèbres ayant mérité, par leurs talents, la reconnaissance nationale ; à gauche, une monumentale caserne d'infanterie, les Magasins du Sel, des Tabacs et de l'Octroi, un hôpital militaire et un quartier de cavalerie.

*
* *

Telle était la gigantesque conception napoléonienne. Les travaux d'assises du *Palais du Rêve* furent menés avec activité.... mais les événements ne tardèrent pas à venir à l'encontre.

« Ce palais, écrit Fontaine dans ses *Résidences souveraines*, production de la fortune de l'empereur Napoléon, éprouvait chaque jour les alternatives de ses succès et de ses revers. Une victoire remportée, une défaite subie ont, plus d'une fois, fait changer les proportions de l'édifice. Le sort de notre entreprise demeurait incertain ».

.... Hélas ! le Rêve devait finir dans les plaines de Waterloo ; le palais lui-même, encore souterrain, devait finir dans les « feux de mine » qui bouleversèrent la butte en 1827, lorsqu'on y éleva un arc de triomphe en l'honneur de l'armée d'Espagne victorieuse à Cadix et au *Trocadéro*, dont le nom est resté attaché à la montagne de Chaillot... Et voilà que près d'un siècle plus tard le hasard d'un coup de pioche fait découvrir, enfoncés sous terre, les derniers vestiges de ce *Palais du Rêve*, en même temps qu'il fait revivre, pour un instant, l'un des chapitres les plus grandioses de l'Epopée...

Mais comme la réalité est loin du Rêve !

———

PARIS-BORDEAUX...
TRENTE ANS APRÈS

Pas de prescription ! — Bordeaux-Capitale. — L'Assemblée Nationale. — Les Députés Alsaciens. — Les préliminaires de paix. — Les fusiliers marins de M. Thiers. — Une Macédoine. — Delécluze, Bordone, Crémer et Cie. — Un mot de Gaston Crémieux. — Victor Hugo et la mort de Charles. — Le « Joyeux » Schœlcher. — Le « Montreur » de billets. — Retour à Paris par Versailles.

Trente ans!... C'est la durée des prescriptions légales. Mais il est des choses qui ne se prescrivent jamais. Ceux qui portent encore au cœur le crêpe des sombres heures de l'Année Terrible ne nous démentiront pas.

... Nous sommes aux derniers jours de février 1871.

Paris qui a subi l'outrage du vainqueur, Paris n'est plus Paris. La France est en deuil de sa capitale et c'est à Bordeaux que se rassemble au lendemain de l'armistice, après cinq mois d'anarchie gouvernementale, les représentants régulièrement élus qui vont décider des destinées de la Patrie.

Le 13 février au soir, l'Assemblée Nationale s'est réunie sous la présidence du vénérable doyen d'âge, M. Benoist d'Azy : autour de lui, les « Eliacins » de l'assemblée siègent comme secrétaires et, parmi eux, le toujours jeune Marquis de Castellane. Pour recevoir les Députés on a aménagé en hâte la salle de la « Comédie » — chef-d'œuvre, comme son frère aîné, feu notre pauvre « Théâtre-Français » — de l'architecte Louis.

La grande ville Girondine ne s'y reconnaît plus. Envahie par la foule des représentants, accourus des quatre coins du Pays — au prix de quelles difficultés, on le devine — elle est devenue le refuge des administrations dont les tronçons épars à Paris, à Versailles, à Tours ont grand'peine à se reformer : Ministères, Postes et Télégraphes, Monnaie, *Journal Officiel*... M. Duquesnel, le savant critique, qui avait été délégué par Glais-Bizoin à ce dernier service, en sait quelque chose !...

Elle ressemble à une immense ruche bourdonnante

où se sont donné rendez-vous toutes les personnalités brillantes, bruyantes ou... interlopes qui touchent de près ou de loin à la vie publique du Pays.

*
* *

Le 14 février, Jules Favre arrive et remet entre les mains des élus du Pays les pouvoirs des membres de la « Défense Nationale ».

Le lendemain, Jules Grévy est élu président de l'Assemblée par 519 voix sur 530 votants. Puis l'Assemblée est saisie par MM. Dufaure, Vitet, de Maleville, Rivet, Mathieu de la Redorte et Barthélemy Saint-Hilaire d'un vœu proposant le nom de M. Thiers pour remplir le mandat de « Chef du Pouvoir Exécutif lequel exercera ses fonctions sous le contrôle de l'Assemblée et avec le concours de Ministres qu'il aura choisis et qu'il présidera ». M. Thiers est élu à l'unanimité.

Deux jours après arrivent à Bordeaux les députés alsaciens. Hélas ! ils ne siègeront pas longtemps.

Ils ont dû, pour gagner leur poste, traverser la Suisse et le Nord de l'Italie. Bordeaux les reçoit avec une poignante émotion : on se doute des conditions que va faire le vainqueur et l'on sent que leur mandat n'aura qu'une éphémère durée. Le brave Colonel de Carayon-Latour, élu par la Gironde, a obtenu un sauf-conduit et les accompagne. Cazenove de Pradines, lui, le glorieux amputé de Patay, que le Lot-et-Garonne a élu à son insu, n'arrivera que plus tard...

Le 20 février, le premier ministère légal de la république est constitué. Sur le refus de M. Buffet, c'est M. Pouyer-Quertier qui accepte la lourde charge du portefeuille des Finances. Lorsqu'il s'agira de régler l'indemnité de guerre il saura tenir tête à Bismarck...

Le 26, les « préliminaires de la paix » sont échangés à Versailles. Le soir, à Bordeaux, les journaux paraissent encadrés d'un large filet de deuil. Le 1er mars, les « préliminaires » sont ratifiés par l'Assemblée de Bordeaux à la majorité de 548 contre 107. Les Députés du Haut et du Bas-Rhin et la plupart de ceux de la Moselle quittent la salle des séances : ils n'y rentreront plus.

Bordeaux qui depuis trente jours est la capitale légale de la France et où s'est dénoué le drame terrible qui tient la France angoissée depuis huit mois, Bordeaux va cesser son douloureux *intérim*. L'Assemblée Nationale y tient, le 10 mars, sa dernière séance. On propose le retour des Pouvoirs Publics à Paris ; il est rejeté par 424 voix contre 154. Versailles est choisi par 461 voix tandis que — détail peu connu — Fontainebleau réunit 104 suffrages.

Le 11 mars, M. Thiers quitte Bordeaux. La France allait se reprendre à respirer un peu... Huit jours à peine, hélas, nous séparaient de la Commune !

*
* *

A côté de ces cruels souvenirs rétrospectifs rapidement résumés, l'anecdote — elle apparaît à toutes les pages, même les plus sombres de notre histoire — réclame ses droits et sa place.

Dans la hâte d'une installation faite à bâtons rompus, M. Thiers était descendu à l'*Hôtel de France*, le meilleur de la ville — il l'est encore — qui se trouvait déjà tellement envahi par les membres de l'Assemblée qu'on eut toutes les peines du monde à le loger dans deux petites pièces d'un modeste entresol, très bas de plafond, et à peine « assorti » à la taille, très exiguë on le sait, du Chef du Pouvoir Exécutif.

C'est là que se jouèrent les destinées de la France et c'est là que M. Thiers commença d'engager contre la majorité conservatrice de l'Assemblée, cette lutte à coups d'épingles qui devait se terminer le 24 mai 1873, par l'élection du Maréchal de Mac-Mahon à la présidence de la République.

Pour aller de son hôtel à la « Comédie », M. Thiers

avait à traverser la belle rue « Esprit des Lois » ainsi dénommée — non sans « esprit » — en souvenir de Montesquieu. Il n'avait guère que vingt pas à faire pour franchir la rue, mais la foule grouillante qui l'entourait était si dense que, malgré le rempart que faisaient à sa petite taille les « fusiliers marins » il lui fallait parfois près d'une heure pour atteindre les marches du perron postérieur du Théâtre, par lequel il pénétrait sur la scène où s'élevait sa tribune... et cela au milieu de clameurs multiples les plus... panachées. Car, il ne faut pas l'oublier, le Parlement émigré de Paris avait amené à sa suite, dans son sillage, à Bordeaux, la troupe des réguliers et aussi l'écume des « irréguliers » de la politique... Et Dieu sait ce qu'il en était en ces temps troublés... C'était une *Macédoine* à nulle autre pareille.

Ainsi put-on voir un jour l'inoubliable Bordone haranguer le peuple, du haut des marches de la « Comédie » et lui demander, avec son bizarre accent italien, d'attendre, pour manifester, l'arrivée de son « Maître le Général »... C'est de Garibaldi qu'il s'agissait !

Ailleurs, c'était Delécluze qui, chaussé de bottes à

l'écuyère et la cravache à la main, prétendait interdire l'entrée de la salle des séances au Président Benoist d'Azy qu'il trouvait trop « réactionnaire ».

Une autre fois, c'était Gaston Crémieux — il devait, lui aussi, verser bientôt après dans la Commune — qui crut devoir saluer les députés de la singulière apostrophe « Majorité rurale !... » Ou bien c'était, dans l'étroite salle d'un café du voisinage, ce cénacle de *Généraux*... au titre « auxiliaire » qui se réunissaient pour boire les paroles de Crémer racontant ses campagnes dans l'Est, ou de Lullier (il n'était que « Colonel », celui-là) développant, en faisant craquer ses bottes vernies, des plans de campagne... Peut-être songeait-il déjà à l'incendie des Tuileries ??

Une autre fois, enfin, on vit la foule saluer de clameurs variées Victor Hugo montant les degrés du Théâtre, le chef coiffé d'un képi monumental et portant sur ses larges épaules une vareuse en flanelle de nuance aussi indécise que bizarre.

Et puisque nous parlons de « Lui », il nous faut bien conter l'incident tragique de la mort de Charles Hugo incident que le malheureux père raconte aussi dans *Choses Vues*.

« On vint m'annoncer que Charles, ayant pris un fiacre pour venir chez Lanta, avait donné ordre au cocher d'aller d'abord au Café de Bordeaux. Arrivé au Café de Bordeaux, le cocher, en ouvrant la portière, avait trouvé Charles mort. Charles avait été frappé d'apoplexie foudroyante. Quelque vaisseau s'était rompu. Il était baigné de sang. Ce sang lui sortait par le nez et la bouche. Un médecin appelé a constaté la mort ».

Il courut sur cette mort foudroyante bien d'autres bruits, que le père n'a peut-être jamais sus, et que connurent nombre des habitués du Café de Bordeaux...

*
* *

A côté de ces scènes tragiques ou simplement épisodiques, que d'anecdotes purement comiques pourraient venir trouver ici leur place ! Un aimable chroniqueur bordelais les rappelait tout dernièrement ; nous n'en citerons que deux.

Voici d'abord la jolie « petite dame » habituée du *Café de Bordeaux* faisant un jour le pari de pincer la taille par derrière au premier député qui traverserait les « allées de Tourny » et tombant sur l'austère Schoelcher dont la vue seule suffit à glacer son courage...

Pour ceux qui ne l'ont pas connu, nous dirons que Schoelcher, une « vieille barbe » de 1848, surnommé le *Bon Père à Bons petits Nègres* — il avait été jadis, à la Martinique, l'apôtre de l'abolition de l'esclavage — était un personnage d'allures peu folâtres et de mine austère rappelant assez celle d'un farouche *Quaker*... A côté de lui, M. Henri Brisson eût fait l'effet d'un pinson ou d'un déjeuner de soleil...

Vous voyez d'ici l'homme et vous comprenez de reste l'effroi de la téméraire bordelaise !

Nous terminerons en vous présentant le gentilhomme industrieux qui, déjeunant au *Café de Bordeaux,* soldait l'addition en *montrant* un billet de banque de mille francs. Malgré le cours forcé, ou plutôt à cause du cours forcé, la monnaie faisait prime, et le prix du change était supérieur au prix du déjeûner, si bien que le patron, le père Roedel, avec un soupir et un sourire, disait au garçon : « C'est bon ! ce Monsieur paiera une autre fois. » Avec le même billet, et dans les mêmes conditions, ce Monsieur s'en allait dîner chez Lanta, au *Chapon Fin,* ou ailleurs !...

Mais il nous faut quitter Bordeaux et rentrer à Paris... Aussi bien nous étions là-bas en si parisienne compagnie que l'illusion était permise. Et puis Paris n'est-il pas un petit Bordeaux... moins la Garonne et les « Chartrons » ?

Cette revue rétrospective nous a paru intéressante

à faire alors que sonne l'heure du trentième anni-
versaire de ces jours terribles au cours desquels —
tel Bourges au début du xv⁰ siècle — Bordeaux devint
pour un instant — mais quel instant ! — la capitale
de notre pauvre France.

———

A PROPOS D'UNE AQUARELLE

M. Waldeck-Rousseau, on le sait, manie très spirituellement à ses moment perdus — que n'en a-t-il davantage ? — le pinceau. Et d'aucuns vont jusqu'à prétendre qu'il est fâcheux... pour l'Art qu'il ne se soit pas voué exclusivement aux charmes de l'aquarelle.

Le fait est que, tout récemment, une curieuse « page d'album » nous est passée sous les yeux qui représente un vase orné de fleurs d'un coloris trés fin. Elle est datée : 10 juillet 1870, et signée : Waldeck. Rousseau était sans doute resté au bout du pinceau... à moins qu'il ne s'agisse là d'une œuvre de cet étonnant prince de Waldeck qui, né le 16 mars 1766, mourut plus que centenaire et la palette à la main ?

Nous n'avons pu trouver le mot de l'énigme et, dans le doute, loin de nous abstenir, nous n'hésitons pas à ranger notre amusante « page d'album » parmi les « péchés de jeunesse » de notre actuel « Premier ».

Péché léger, d'ailleurs.... Pourquoi M. Waldeck-Rousseau a-t-il vieilli ?

————

LA FIN D'UN COQ

Sur la berge de la Seine, à quelques pas du pont des Invalides, gît sur le dos, inanimé mais superbe, un coq gigantesque, doré sur toutes les faces, aux ailes déployées, à la crête triomphante, aux ergots menaçants et qui, malgré son état de prostration, semble encore défier un invisible ennemi.

Naguère, il décorait orgueilleusement la passerelle qui réunissait la rue des Nations au pavillon de la Ville de Paris, d'inoubliable mémoire. On vient de démolir la passerelle, mais le beau coq gaulois — moins heureux que plusieurs autres *clous* de feu l'Exposition — n'a pas trouvé preneur ! Et voilà pourquoi il gît misérablement sur la berge du Gros Caillou.

A qui le coq ?

DE PARIS A SAINT-CLOUD PAR TERRE
ET PAR EAU

Sous ce titre bizarre, un auteur obscur, Néel, fit paraître en 1748, à la Haye « aux dépens de la Compagnie », un petit opuscule d'une insigne rareté et auquel les exploits du *conquistidor* de l'air, M. Santos-Dumont, donne de l'actualité puisque, — rapprochement curieux — la rivage sur lequel Néel fait atterrir ses passagers est précisément l'emplacement du parc aérostatique, au bas de la côte de Saint-Cloud.

Néel, rouennais d'origine, écrivain peu connu quoiqu'il n'ait pas été le premier venu — Fréron « l'illustre critique » lui a consacré l'une de ses *Lettres sur quelques écrits de ce temps*, — Néel raconte de manière fort plaisante les aventures d'un « Tartarin » de cette époque où l'on faisait son testament avant de partir pour Dieppe et où l'on s'imaginait avoir couru de gros dangers pour avoir été, en bateau, de

Paris à Saint-Cloud. C'est, pour le spirituel écrivain, une façon de fustiger la naïve outrecuidance et l'émotive fanfaronnade des bourgeois parisiens... de son temps, lesquels « s'imaginent avoir conquis le monde sitôt qu'ils ont franchi le mur d'enceinte ».

Il faut avouer qu'il serait malaisé de mieux peindre que ne l'a fait l'auteur du *Voyage à Saint-Cloud* l'étonnement ridicule d'un bon bourgeois de Paris à sa première sortie *extra-muros*. C'est le rat de la Fontaine :

> Sitôt qu'il fut hors de la case :
> Que le monde dit-il est grand et spacieux !
> Voici les Appennins et voici le Caucase ;
> La moindre taupinée était mont à ses yeux...

On dit que M. Santos-Dumont, outre ses spécialités aéronautiques hors ligne, se pique, à ses moments perdus de littérature... Il pourrait sans peine ajouter un chapitre à l'amusant récit de Néel : *Voyage de Paris à Saint-Cloud par l'air...*

Il ne serait pas ridicule, celui-ci, ni banal...

BONAPARTE ET LOUBET

Diantre ! voilà deux noms qui doivent fort être étonnés de se trouver accouplés.... Et pourtant ?.... On connaît l'anecdote du souper de Beaucaire. Bonaparte, lieutenant d'artillerie en 1793, passe à Beaucaire, s'y arrête dans une auberge et, tout en dînant discute, avec des voisins de table, les événements politiques qui se déroulent.

Dans sa *Vie de Napoléon*, Stendhal consacre à cet incident quelques lignes et il ajoute : « De retour à « Avignon, Bonaparte fit une brochure : le *Souper de* « *Beaucaire* qui fut éditée dans la cité des papes... et « un M. Loubet, de Montélimar, en garda longtemps « un exemplaire signé de l'Empereur »...

... Le M. Loubet d'alors serait-il — c'est fort probable — l'un des ascendants de M. Loubet d'aujourd'hui ? Si oui, il faut avouer qu'il avait — le grand père — en matière bibliographique un certain *flair*.

Espérons pour le petit fils qu'il aura eu, lui, celui de conserver la précieuse brochure qui doit valoir aujourd'hui plus que son pesant d'or !

LE JARDIN DE L'INFANTE

Il est très couru, — avant que la bise soit venue — ce joli coin de verdure, bien exposé en plein midi, entre le Louvre et le quai, où les derniers rayons du pâle soleil d'automne viennent caresser les amateurs d'un doux *farniente*... C'est une seconde « Petite Provence » avec, en plus, la statue de Meissonier.

Il y a quelque cent ans environ, on y exposa, à la place qu'occupe aujourd'hui ladite statue, une lentille monstre qui était de force, disent les chroniques du temps, « à faire fondre au soleil un écu de trois livres en cinq secondes ».

Cette loupe phénoménale était l'œuvre d'un M. de Bernières, contrôleur général des ponts et chaussées, qui avait déjà, en 1779, remporté le prix offert par le lieutenant de police à qui découvrirait le meilleur moyen de tirer de l'eau du puits de Bicêtre.

C'était un homme universel que cet honorable fonctionnaire, et s'il était encore de ce monde, il ne serait pas gêné, sans doute, de trouver des « clous » pour Expositions à venir... ou pour revues de fin d'année !

LA RUE « TRAÎNÉE »

Les travaux de réfection de l'église Saint-Eustache ont fait disparaître le dernier souvenir d'une rue jadis fameuse dans le monde de « la grande et de la petite truanderie », la rue *Traînée*, — ce seul nom est toute une page d'histoire locale — qui partageait la mauvaise réputation de sa voisine, la rue Soly, choisie par Balzac dans son *Ferragus*, le *Chef des Dévorants*, comme type d'infamie...

Officiellement, la rue Traînée n'existait plus depuis 1852, date à laquelle ses dernières masures firent place au pavillon Nord-Ouest des Halles centrales ; mais, jusqu'à ces derniers jours, son existence passée se révélait aux yeux du promeneur par la plaque indicatrice dont les caractères, à demi-effacés par l'outrage du temps, pouvaient encore se déchiffrer sur le pilastre du beffroi de Saint-Eustache qui lui servait de limite septentrionale.

C'est par un titre du 2 mars 1574 que cette rue,

ancienne *ruelle du Curé-de-Saint-Eustache*, fut dési-
gnée sous le nom de *rue Traînée*, dénomination assez
caractéristique, étant donnée la population mal famée
qui hantait ces parages...

De tous temps elle fut affectionnée par les forains,
banquistes, charlatans et bateleurs et c'est là qu'a
débuté l'illustre Mangin, au casque empanaché et
aux crayons immortels.

La façade de Saint-Eustache ayant été grattée et
remise à neuf, le dernier vestige de l'antique rue
Traînée, — qui depuis quarante ans s'appelle officiellement rue de Rambuteau, — a donc disparu à tout
jamais.

Il en est de même d'un des rares spécimens, en noir
et en rouge, de l'ancien numérotage des rues de
Paris qui pouvait encore se déchiffrer au-dessus de la
petite porte de la sacristie de l'église. C'était le
numéro 279 ; ce qui indiquait que c'était la
deux-cent-soixante-dix-neuvième maison de la
section des Halles.

Les épigraphistes parisiens regretteront la disparition de cette vieille inscription remontant à la période
révolutionnaire.

DE MONSELET A NODIER

Les travaux de terrassement entrepris pour le dégagement du Marché Saint-Pierre, à Montmartre,
viennent de faire disparaître les derniers vestiges
d'un monticule célèbre dans ce quartier et désigné
sous une appellation un peu crue. Il était placé sous
le vocable de ces quadrupèdes soyeux dont les
jambons et les pieds jouissent d'une égale réputation
culinaire, que Monselet chanta dans une ode aussi
enthousiaste que gastronomique et qui, lorsqu'ils
sont sauvages, s'appellent : sangliers...

Là, pendant de longues années, sous une cabane
en planches, misérable, mais pompeusement décorée
du nom de « Ferme », vécut une pauvre vieille
femme dont la spécialité était de garder, en attendant
qu'ils soient « gras à lard » les animaux que lui con-
fiaient les *Véro* et les *Dodat* du quartier. La ruelle a
disparu il n'y a pas très longtemps ; aujourd'hui,
c'est le tour de la butte... Sur cet emplacement, la

rue Charles-Nodier prolongée va réunir les rues Pierre-Picard et André-del-Sarto.

L'auteur de *Trilby* et de la *Fée aux Miettes* ne s'attendait pas à celle-là.

AUTOUR DE LA CORBEILLE

*La maison de Plutus. — Les marchands du Temple.
— « Cent ans ou la Vie d'un Joueur ». — L'ancien
Vaudeville. — Mignot. — Mines d'or. . et de décep-
tions. — Le théâtre Feydeau. — La « Belle Armide ».
— Balzac, batteur de pavés. (Mai 1902.)*

Le monument néo-grec auquel l'architecte
Brongniart a attaché son nom peu connu — il le
serait encore moins si une petite rue voisine ne s'en
était dernièrement emparée pour l'inscrire sur ses
plaques bleues — va être l'objet de modifications
prochaines pour cause d'agrandissement.

On va respecter les « colonnes du Temple » qui
depuis trois quarts de siècle ont abrité tant de générations de « marchands » et l'on se bornera sans
doute à y joindre des ailes — ce ne sera pas pour « voler »
— en bordure de la rue N.-D.-des-Victoires.

Les mânes des Filles Saint-Thomas vont tressaillir
peut-être à cette nouvelle. Elles avaient là leur jar-

Rotonde de l'ancien Théâtre Feydeau.

D'après un dessin de Courvoisier (1807).

din, les douces Religieuses — nous en avons déjà parlé — et Edouard Fournier, en termes charmants, nous a conté l'histoire de leur... expulsion.

Les gens du quartier ne voulaient pas les laisser partir ; on en vint presque jusqu'à échanger des coups...

Les coups s'y donnent toujours ; seulement ce sont maintenant des *coups*... de Bourse.

Commencé en 1800, le monument de Brongniart ne fut inauguré que le 3 novembre 1826. Ce fut pour MM. les boursiers la fin de près d'un siècle — « Cent ans ou la vie d'un joueur » — de vie errante, ballotés qu'ils furent successivement de l'Hôtel Mazarin aux Petits-Pères, en passant par le Palais Royal et le magasin des décors de l'Opéra...

****

La Bourse avait naguère, comme voisins immédiats, deux théâtres fort connus.

D'abord le *Vaudeville* où fut représentée pour la première fois, la *Dame aux Camélias*, en 1852 et qui ferma avec les *Filles de Marbre* pour émigrer à la Chaussée d'Antin.

Sur son emplacement fut percée la rue du *Dix-Décembre* qui, depuis 1870, a avancé de trois mois et six jours et se réclame aujourd'hui du *Quatre Septembre*. On vit longtemps à l'angle de la même rue, sur l'emplacement exact du Vaudeville, le célèbre pâtissier Mignot dont, aux heures déjà lointaines de l' « Union générale » et à celles, plus rapprochées, des « Mines d'or », les salons étaient devenus un véritable prolongement de la Corbeille et de la Coulisse. Que d'élégantes « joueuses » vinrent échafauder là, entre deux *sandwichs*, de savantes combinaisons et « d'infaillibles » arbitrages sur les mérites comparés de la *Randfontein* ou de la *Robinson*.

Mines d'or devenues hélas ! pour tant de gens vallées de larmes...

L'autre salle de spectacle voisine de la Bourse était le Théâtre Feydeau construit sous la Révolution dans le style égyptien si fort en vogue à cette époque et dont l'adjacente rue des Colonnes nous a laissé le souvenir.

Pendant près de vingt ans le Théâtre Feydeau servit d'asile à l'Opéra-Comique, entre ses deux stages à la salle Favart.

Construit en 1791 sur les dessins de Legrand et Molinos, l'Opéra-comique de la rue Feydeau était, après l'Odéon, la salle la plus élégante de Paris. Son escalier monumental était orné d'une remarquable statue de Grétry.

Une longue file de cariatides courait à la hauteur du premier étage entourant la rotonde du foyer qui était surmonté d'une singulière prise d'air servant à la fois de girouette et de relais télégraphique.

Dans les si intéressantes collections formant le « Musée de l'Opéra », ébauché par Nuitter et définitivement installé par M. Ch. Malherbe,

Enfin Malherbe vint !...

figure une ravissante aquarelle de Ch. Pierron représentant la démolition, en 1831, de ce délicieux théâtre.

Tout contre, s'ouvraient les magasins de la *Belle Armide* dont les charmes enchanteurs, dignes de leur séduisante patronne, fascinèrent plus d'une jolie mondaine de l'époque et dont l'enseigne devait trouver place dans cette petite plaquette de toute rareté intitulée : *Dictionnaire comique des Enseignes de Paris* et signée : *Un batteur de pavés*, titre sous lequel se cacha, pour la circonstance, l'immortel Balzac !

Notre actuelle rue de la Bourse s'est fait jour à travers tous ces vieux souvenirs...

PETITE PAGE DE LA VIE
D'UN GRAND HOMME

La découverte d'une lettre autographe inédite d'un homme célèbre est toujours une bonne fortune. Celle qui nous est tombée entre les mains et que malgré les prescriptions de son auteur, nous livrons au « jour de l'imprimerie », nous montre Béranger fatigué, âgé, — la lettre est du 1ᵉʳ août 1851 et le poète avait alors soixante-dix ans, — aux prises avec les petites difficultés lancinantes de la vie matérielle. Il a dû subir un déménagement forcé !

Voici un extrait de cette « tranche de vie ».

Béranger demeurait à cette époque à Belleville, où l'on retrouverait sa petite maison de campagne du côté de la rue Compans. Il s'adresse au chansonnier Gustave Lemoine, l'auteur de la *Grâce de Dieu*, l'époux de Loïsa Puget qui, lui, résidait aux Ternes, près du « Château », avenue Niel actuelle.

... Je vous ai répondu sans avoir lu votre chanson sur mon nouveau déménagement et je vous prie de ne pas faire imprimer celle-là, parce que je n'ai pas le désir que tout le monde sache ma nouvelle adresse.

Si la fortune me chasse d'un lieu dans un autre, il n'est pas nécessaire que le public en soit instruit. D'ailleurs, vous êtes inexact, car je suis toujours en pension bourgeoise. C'est parce que mon hôtesse a déménagé que je suis venu, avec ses pensionnaires, de la rue d'Enfer, que je regrette, à Beaujon. Mais, encore une fois, le public peut se passer de connaître ce petit détail de ma vie *qui n'a plus de Lisette pour me faire prendre en patience les inconvénients de la vieillesse et de la mauvaise fortune.*

Je ne vous suis pas moins obligé de vos bonnes intentions pour moi et vous prie d'en recevoir mes remerciements.

BÉRANGER.

P. S. — Cette lettre est de vous à moi et ne doit pas voir le *jour de l'imprimerie.*

Que Béranger nous pardonne !

ENSEIGNE SÉDITIEUSE...

A l'angle des rues Bellechasse et de l'Université, sur le mur d'une vieille maison en réparations, on peut lire la curieuse inscription suivante :

ROYAUME DE FRANCE

RÉGIE DES CONTRIBUTIONS INDIRECTES

Débit de tabac des manufactures royales

Cette inscription peut sembler insolite, surtout en ces beaux jours de « défense républicaine » à outrance... Mais que l'on se rassure !

Il s'agit tout simplement de la *restauration* — avec un petit *r* — d'une antique boutique d'épicier dont on vient de démolir la devanture en bois sous laquelle est apparue la subversive enseigne, fort bien conservée, que nous avons saisie au vol et laquelle est inscrite en belles lettres d'or sur la pierre même...

Elle va disparaître bientôt sous un nouveau badigeonnage...

Dormez en paix, Monsieur Lépine !

UN « GRAND LIVRE » EN EXIL

Cet écho, malgré son apparence, n'a rien de biblio-graphique ; il est plutôt financier puisqu'il s'agit du double du *Grand Livre* de la Dette publique qui, après pas mal de pérégrinations, a été transféré dans un élégant local, aménagé *ad hoc* dans les anciennes écuries du palais de Saint-Cloud sur une délicieuse terrasse d'orangers, tout contre le pavillon des Eaux, ce qui constitue une garantie à nulle autre pareille en cas d'incendie.

On a longuement tergiversé, paraît-il, sur le sort dudit Grand-Livre ; c'est qu'il est de taille... à ne pas se laisser mettre en poche, ni même sous le bras... quelque long que soit celui de notre actuel ministre des Finances.

Finalement le « Grand-Livre » — lequel se com-pose d'ailleurs de plusieurs livres tout petits et d'un nombre incalculable de « fiches » — a quitté l'ancien couvent des Haudriettes de la rue Cambon, pour le pays des Grandes Eaux et des... Mirlitons.

C'est là qu'on ira le chercher pour la prochaine

« Conversion » dont on recommence à menacer les rentiers qui une fois de plus seront invités à « payer » sauf à chanter !

Les mirlitons ne leur manqueront toujours pas, puisque leurs titres sont à Saint-Cloud...

UNE RUE QUI S'EN VA...

La minuscule rue Perronet qui, au haut d'un escarpement assez raide, réunit les rues Saint-Guillaume et des Saints-Pères, ne comptait guère, sur chaque rang, que cinq ou six maisons ; elle vient, d'un seul coup de pioche, d'en perdre presque la moitié.

Un immense trou béant se voit maintenant à l'endroit où s'élevait le bel hôtel d'Aguesseau, logis du petit-fils du célèbre chancelier, avocat-général au Parlement, député aux Etats-Généraux, ambassadeur, sénateur, pair de France...

Plus près de nous, nous y avons connu M. Janvier de la Motte, l'aimable préfet de l'Empire, puis député de l'Eure ; homme d'esprit, père d'un homme de beaucoup d'esprit — M. Ambroise Janvier de la Motte, auteur dramatique, heureux et fortuné ; également « père des pompiers » suivant le qualificatif amusant sous lequel le désignaient ses administrés d'Évreux dont il était très justement adoré.

C'est, paraît-il, l'École des ponts et chaussées, voisine postérieure de cet hôtel, qui veut se payer une entrée sur ladite rue Perronet, anciennement de la « Butte » qui menait au « Moulin des Saints-Pères » lequel battait encore des ailes en 1714, ainsi qu'en témoigne un plan de Paris de l'époque que nous avons sous les yeux.

Si ce sont ces Messieurs des « Ponts » qui se chargent des travaux, nous pouvons être assurés qu'ils dureront longtemps...

PIERRES GRISES, MARBRES BLANCS

On vient de jeter bas, au « Faubourg », rue de Lille, à deux pas de la Chambre — cette manière de « Madeleine » laïque.., oh combien ! — le bel hôtel d'Osmond, célèbre par les fêtes qui s'y succédèrent pendant une longue suite d'années et dont la dernière propriétaire, la regrettée duchesse de Maillé, née d'Osmond, avait su conserver si fidèlement les élégantes traditions.

Cet hôtel qui, avant d'Osmond, était connu sous le nom d'Hôtel du Maine, puis des « Dombes », possédait un grand jardin sur le terrain duquel, en 1780, la Société de Romange et Courty perça une rue qui a conservé le nom de ce dernier.

Le grand ministre Turgot, celui dont on a cru retrouver la sépulture dans la vieille chapelle de l'hôpital Laënnec, mourut en ces parages le 18 mars 1781.

Ainsi en atteste une plaque de marbre blanc que la

Ville vient de faire apposer sur un petit pavillon demeuré intact, au milieu des immeubles qui l'enserrent, au fond du jardin qui borde en terrasse la rue de l'Université et appartient aujourd'hui à M. le comte de Lévis-Mirepoix, le très distingué député d'Alençon.

« FABRIQUE DE BÉBÉS NUS... »
ET INCASSABLES

C'est l'enseigne amusante et naïve à la fois — avec peinture sur tôle vernie à l'appui — d'une vieille maison de jouets d'enfants « bien connue, bien connue dans le quartier » — comme dit la chanson, — placé sous le vocable de « Sainte-Avoie », non loin du Temple.

Cette maison va tomber. Elle s'ouvrait au n° 40 de la rue Beaubourg où elle avait remplacé l'ancien « Hôtel de Fer », sorte de *Bastille* privée, au sujet duquel il courut des histoires d'oubliettes terrifiantes. La légende prétend qu'on y retrouva, fixés au mur, force barreaux et anneaux de fer auxquels se rivaient les patients jusqu'à... extinction de chaleur naturelle !

Oublions les oubliettes... et ne pensons plus qu'aux « bébés nus », incassables, que nous retrouvons aux alentours du 1er Janvier, aux devantures du *Nain Jaune* et du *Paradis des Enfants*.

———

TROP DE FLEURS, PAS ASSEZ D'ARBRES !

La Ville vient de faire aménager, à l'angle du pont des Invalides, au droit des hôtels de Vogüé et d'Aramon, deux petits squares minuscules, mais tout remplis de fleurs, pour dissimuler les choses affreuses qui se passent — ou passent — au-dessous d'eux : c'est-à-dire les noirs convois, électriques ou à vapeur, de la Compagnie de l'Ouest, laquelle a traité en pays un peu trop conquis l'esplanade majestueuse qui sert d'avenue au chef-d'œuvre impérissable de Libéral Bruant et de Jules-Hardouin Mansard.

C'est là une juste mais tardive compensation donnée aux riverains de ce coin de Paris aristocratique qui eurent tant à souffrir — pendant, avant et après... — de la débauche de clôtures et de palissades, derrière lesquelles on les emprisonna; sans parler des tortures du *trottoir roulant* qui passait par là, ni du « Mas » provençal, ni des auberges plus ou moins bretonnes qui étalaient leurs tréteaux bruyants sous leurs fenêtres, aux heures de la Grande Foire de 1900.

Maigre compensation, d'ailleurs ; car on ne leur rendra pas, aux riverains de la rue Fabert, les ormes séculaires arrachés en *dépit des paroles données* et remplacés par... le vilain trou noir qui sert d'abri à la « Sous-Section électrique n° 4 (*sic*) » de la Compagnie de l'Ouest.

Hélas ! on a tué cent ormes...

POUR LA BONNE BOUCHE

On ne lit pas assez le *Bulletin officiel de la ville de Paris*. Si vous l'aviez toujours à votre « Chevet » — il s'agit d'une question de « bouche » — vous y trouveriez, si vous ne craignez de perdre l'appétit, des documents... intéressants.

Témoin, le dernier relevé mensuel des « opérations » du Laboratoire municipal.

Pendant ce mois-là, on a saisi et détruit :

Douze mille kilogrammes de poissons avariés — le *flot* qui les porta a dû reculer épouvanté... — et six cents fromages. — La Hollande va nous déclarer la guerre alors !

Les cidres — voyez Normandie — sur vingt-deux échantillons, ont eu 3 « mouillés », 16 salicylés, 3 saccharinés.

A toi, Auvergne ! Sur 2 échantillons de pâtes et raisinés, 2 « mal cuits »...

Oh ! les mauvaises pâtes !

Narbonne n'est pas mieux partagée : sur 6 échantillons de miel, 6 glucosés.

Pour les bières, plus ou moins allemandes, la liste des « récompenses » est ainsi libellée :

Sur treize présentées, treize refusées — on se croirait au bachot — comme glucosées, salicylées et bisulfatées... Oh ! assez...

Les laits — bien « français » pourtant, ceux-là : 8 mouillés ; 52 écrémés, 1 « additionné » (borax, formol, etc.).

Le saindoux n'a présenté qu'un seul produit : il a été déclaré « contenant des corps gras étrangers (*sic*) ». « Mauvais français », que ce saindoux-là !

Comme il ne faut pas vous empêcher de déjeuner, rapportez-vous en, pour le reste, au *Bulletin officiel de la ville de Paris*.

Mais ne lisez qu'une fois... la digestion faite.

<hr>

LE FIGUIER DE LA RUE DE CLICHY

A propos des arbres de Paris, dont on s'entretient beaucoup en ce moment et qui se voient si directement menacés dans leur existence par le projet d'impôts que l'administration mijote sur les « cours et jardins plantés » de la capitale, mention doit être faite d'un beau figuier, fort peu connu, qui pousse ses vertes ramures couronnées de fruits verts également — peut-être mûriront-ils avec le temps — au n° 55 de la rue de Clichy.

Ce figuier, enserré entre de hautes murailles et une grille rébarbative, semble être l'un des derniers survivants du beau jardin dit de la Bouxière — du nom de son propriétaire, le fermier général — qui embellissait jadis le sommet de la butte de Clichy et sous les ombrages duquel, lorsqu'il devint le jardin du bal hospitalier de Tivoli, nos grands-pères purent deviser tout à fait à l'aise.

Comme vous voyez, ce n'est pas un figuier... de barbarie.

LES « LIONS » DE L'ABATTOIR

A propos de la fête du Bœuf gras, — mais où est le Bœuf gras de nos très jeunes années ? — qui a mis en joie tout le quartier du Pont-de-Flandre, on a fort remarqué la décoration qu'avait reçue, à cette occasion, la fontaine monumentale des Abattoirs de la Villette, point de départ et de dislocation du cortège.

Ce n'étaient que festons, ce n'étaient qu'astragales ! Les *toucheurs* aux longues blouses et les braves garçons bouchers qui étaient chargés de cette décoration, se sont véritablement surpassés en cette circonstance.

On ne se serait jamais douté qu'ils eussent tant de compétence en matière d'art décoratif !

Détail peu connu : La fontaine en question faisait jadis, sous le nom de « Château d'Eau », la gloire de la place du même nom, devenue place de la République. Elle se compose de quatre vasques ornées de lions assis, lesquels, depuis qu'ils ont été relégués à l'Abattoir, semblent pleurer... comme des veaux

A force de voir pleurer les autres, sans doute !

...Ce sont des lions « costauds... » comme on dit à la Villette.

L'AVE MARIA

La fin d'un marché. — Son passé. — Les emporte-
ments de J.-B. Poquelin. — L'« Illustre Théâtre ». —
De Charybde en Scylla : des Métayers à la Croix-
Noire. — Mauvaises affaires. — L' « Artaxerce »
de Magnon. — Jeu de paume et tennis.

On annonce la démolition prochaine du vieux marché de l'*Ave Maria*, sis au quai des Célestins, et son remplacement par un musée scolaire.

Jadis, en ce coin retiré du vieux Paris, s'élevait un jeu de paume, qui eut son heure de célébrité.

Quand, à peine âgé de vingt-et-un ans, J.-B. Poquelin, emporté par sa passion pour le théâtre... et peut-être aussi pour Madeleine Béjart, quitta son père pour se joindre à la famille Béjart et à quelques jeunes gens, l'un poëte, auteur de tragédies oubliées, l'autre parent d'une comédienne, celui-ci maître écrivain, celui-là clerc de procureur, beau-frère d'un maître fourbisseur, formant la troupe de l'*Illustre-Théâtre*, dont il devait devenir bientôt le chef, ce fut dans le jeu de paume des *Métayers*, au faubourg Saint-Germain, que selon toute probabilité, il parut pour la première fois en public, à la fin de l'année 1643.

Ce jeu de paume se trouvait à l'angle de la rue de Seine et de la rue des *Fossés-de-Nesles*, plus tard *Mazarine*.

Dès le 20 décembre 1644, la troupe de l'*Illustre-Théâtre* après avoir, par des emprunts, réglé quelques dettes..., quitta la salle des « Métayers » dont on démonta les bois et les loges pour leur faire passer l'eau et les installer dans un autre jeu de paume — celui de la « Croix-Noire », devenu l'*Ave Maria* — où quinze jours plus tard les jeunes comédiens allaient tenter de nouveau la fortune.

L'emplacement qu'ils abandonnaient était mal placé, dans un quartier à peine habité. La nouvelle salle de la « Croix-Noire », tout au contraire, était située à proximité des riches habitations du Marais et de la place Royale et, par conséquent, dans des conditions apparemment plus favorables.

Il était fort ancien, ce jeu de paume. Sauval en fait mention dans un compte de 1573. Il avait été élevé contre l'enceinte de Philippe-Auguste, près de la Tour Barbeau, dans le voisinage de l'archevêque de Sens, près du Couvent des religieuses Cordelières, dites : Filles de l'*Ave Maria*.

C'est au jeu de paume de la « Croix-Noire » que fut représentée en 1645 : *Artaxerce,* tragédie de Magnon et la seule pièce jouée par l'*Illustre-Théâtre* dont le titre et l'analyse soient arrivés jusqu'à nous..

Les affaires ne furent pas plus brillantes au Marais qu'au faubourg Saint-Germain ; l'*Illustre-Théâtre* dût de nouveau plier bagages et le jeu de paume de la *Croix-Noire* reprit sa destination primitive jusqu'en 1723, date à laquelle il fut remplacé par un marché lequel fut reconstruit, en 1850, lors de la réfection du quai Saint-Paul, et qui va disparaître à son tour.

Peut-être le *nouveau* « musée scolaire » comportera-t-il un « tennis », ce jeu de paume des temps nouveaux, mis à la portée de tous et de toutes... Ce serait une quasi résurrection.

L'ANCIEN HOTEL D'UZÈS

Le sinistre qui jeta, l'an dernier, l'épouvante dans tout le quartier Montmartre, est aujourd'hui réparé et de hautes maisons de rapport remplacent les immeubles dévorés par le feu qui abritèrent, pour un temps, les magasins de la *Ville de Paris*.

Ils occupaient exactement l'emplacement de l'ancien hôtel d'Uzès, dont les beaux jardins ont fait place à la rue d'Uzès actuelle qui fut ouverte en 1872, conservant ainsi un nom qui fut, de tout temps, aimé de la population parisienne...

Restauré par Ledoux, l'hôtel d'Uzès, celui des anciens « Fossés-Montmartre », se distinguait par une superbe porte cochère, flanquée de colonnes et de trophées — une merveille de l'art — et à laquelle était adossée une fontaine monumentale. Détail typique et touchant à la fois : les porteurs d'eau qui s'alimentaient à cette fontaine avaient voué au duc d'Uzès, le célèbre philanthrope, un véritable culte et lorsqu'il releva d'une grave maladie, ils firent célébrer, aux Petits-Pères, une messe de convalescence, le 17 novembre 1766.

Confisqué par la Révolution, l'hôtel d'Uzès fut affecté à la Direction des Domaines nationaux, à l'époque où la rue s'appelait, par un jeu de mots légal, *Mont-Marat*... tout comme la butte Montmartre. Puis la Douane s'en empara et y fut remplacée par la famille Delessert.

Sur son emplacement furent construits, en 1873, les immeubles que le feu a détruits et qui, tel le *Phénix*, auquel ils appartiennent d'ailleurs, croyons-nous, viennent de renaître de leurs cendres.

———

PROFITS ET PERTES DE PARIS

La population parisienne s'est accrue, on le sait, durant les cinq dernières années, de plus de 150.000 habitants.

Tous les arrondissements, sauf deux, ont participé, ceux de la périphérie surtout, à cette augmentation.

Le « record » est détenu par le dix-huitième — honneur à la Butte sacrée ! — qui arrive en tête avec 22.455 citoyens en plus.

Par contre, tous les vieux quartiers de la capitale se dépeuplent de jour en jour.

Le premier arrondissement — les Halles — perd 3.000 habitants. Cela tient, peut-être, à la disparition presque complète des « forts »... de la Halle, et certainement aux expropriations récentes qui ont jeté l'air et la lumière dans les vieilles rues avoisinant Saint-Eustache.

Dans le deuxième, déchet de 3.682 habitants.

C'est la suite du prolongement de la rue Réaumur, qui a éventré tout le quartier du Mail.

Le quartier de la Bourse — rien d'étonnant à ce qu'il soit en « baisse » — perd à lui seul 1.200 habitants.

Enfin le quartier des « Enfants-Rouges « demeure presque stationnaire, avec 27 habitants seulement en moins.

Les Enfants-Rouges sont peut-êtres passés... au bleu.

Dame ! c'est le quartier où M. Dausset a « tombé » M. Lucipia.

PARIS-HARAS

*Tombe-Issoire et Haras-Fantôme. — Pas de chevaux
mais des palefreniers. — Une parenthèse. — La
mire de Montsouris. — Des jardinets pour les
ouvriers. — Tamaris et sorbiers.*

La ville de Paris — bien des gens l'ignorent —
possède un haras, un haras superbe ; manèges, écuries, boxes, pistes d'entraînement — fonctionnaires,
bien entendu, et palefreniers, — rien n'y manque...
sauf les chevaux.

Ce haras-fantôme qui, comme la jument de
Roland, — nous sommes ici en pleine question chevaline — a toutes les qualités, sauf qu'il est mort,
se trouve logé au lointain quartier de Montrouge,
entre les fortifications, le parc et la « mire » de
Montsouris, dont nous avons déjà dit quelques mots.

Puisque nous la tenons cette « mire », qu'on nous
permette d'ouvrir une petite parenthèse.

Sur l'une des faces de l'obélisque qu'elle figure, se

trouve une inscription qui rappelle qu'elle fut érigée en 1808 sous le règne de Napoléon. Ce mot magique de « Napoléon » faisait loucher sans doute les habitants de ce quartier *avancé*. Toujours est-il que le nom de l'Empereur a été effacé, d'une main fort maladroite d'ailleurs, sur l'obélisque... ce qui fait qu'on ne le remarque que davantage, car la tache qui l'entoure attire forcément le regard qui, sans cela, serait peut-être resté distrait.

*
* *

Mais passons et revenons à nos moutons, c'est-à-dire à nos chevaux.

Mieux inspirés que leurs devanciers, les édiles actuels du XIVe, émus de voir les 56.000 mètres que comporte le haras demeurer sans emploi, ont exprimé le vœu que la ville mette ces services en lotissement, en affectant à des constructions ouvrières les bordures qu'ils possèdent boulevard Jourdan et avenue Reille.

Le vœu ajoute que les lots soient faits sur une profondeur de 30 mètres, afin que toutes les maisons construites possèdent un petit jardin qui permettrait aux travailleurs de vivre et d'élever leur famille dans

un air pur et dans les conditions d'hygiène les meilleures.

Il y a là justement, à l'entrée du haras-fantôme,
une rangée de petits « tamaris » et de sorbiers sauvages et vigoureux, qui trouveraient leur place tout
indiquée dans les jardinets à aménager.

Le « tamaris », à Paris, est un arbuste fort rare;
il serait grand dommage qu'on en fît des fagots.

MARS RESTE CHEZ LUI

Les ouvriers se sont emparés de la caserne de la « Nouvelle France » qui menaçait ruine; la façade a été complètement restaurée et les trophées guerriers qui la décorent viennent notamment d'être « recrépits » à neuf.

Ainsi tombent les bruits qui avaient circulé du transfert en cet endroit du Conservatoire de musique. Mars reste chez lui et ne veut pas céder le pas à Apollon ...

Sait-on, à ce sujet, que le quartier de la « Nouvelle-France » fut créé de toutes pièces, sous Louis XV, au détriment des « Filles-Dieu », dont les jardins s'étendaient de Saint-Lazare, au faubourg Saint-Denis, jusqu'au faubourg Poissonnière ?

Sur le plan de Jaillot, daté de 1713, on voit là un monticule, premier contre-fort de la « Butte sacrée » — il y est toujours — surmonté de trois moulins au milieu d'un vaste vignoble qui, lui, n'y est plus...

Le dépôt des voitures « des deuils *(sic)* de la Cour » y fut installé vers 1780. Ensuite, la Compagnie André et Cottier s'empara de ce terrain ; puis ce fut le tour des « Messageries royales », sur l'emplacement desquelles fut percée la rue actuelle des Messageries.

MM. LES TIMBROPHILES RÉCLAMENT

M. Quentin-Bauchart, l'aimable conseiller des Champs-Elysées, vient de saisir le conseil municipal d'une demande de « M. le président du syndicat de la presse philatélique » *(sic)* à l'effet d'obtenir, pour la *Bourse aux timbres* qui se tient à l'angle des avenues de Marigny et Gabriel, un refuge couvert.

Dans son exposé, M. le rapporteur établit que les transactions de ladite Bourse se traduisent par un chiffre d'affaires variant de *20 à 30.000 francs* par séance.

Comme il y a deux séances par semaine, nous voyons ce que cela fait au bout de l'année !

En conséquence, au nom de sa société, « M. le Président du syndicat de la presse philatélique » demande qu'on lui accorde, contre espèces sonnantes — on ne payera pas en timbres — un refuge « couvert » à l'endroit où s'élevait feu le cirque d'Eté.

Ces messieurs de la timbrophilie en ont assez de faire concurrence aux *Pieds Humides* de la place de la Bourse...

Pauvre cirque ! On va donc, si la demande est agréée, continuer d'y « tourner en rond ». Seulement, désormais, ce sera autour des albums de timbres.

Franconi ne l'avait pas prévu, ce « numéro » là.

LA FOIRE AUX MODÈLES

C'est là-bas, bien loin, de l'autre côté de l'eau, qu'on la rencontre, entre la Morgue et le Mont-de-Piété du greffe criminel, pompeusement dénommé « Hôtel du mobilier de l'Etat ».

Une place ou, pour mieux dire, un terre-plein triangulaire ayant pour cadre, d'un côté, les hautes maisons de la plus banale modernité de la rue des Ecoles, de l'autre une tranchée en contrebas, dernier vestige de ce qui reste de l'antique rue Saint-Victor, aux bâtisses dignes d'un autre âge, dont les toitures vermoulues semblent ne se maintenir dans le vide que par un prodige d'équilibre...

Aux fenêtres loqueteuses de ces réduits hantés par la misère, pendent ces écriteaux significatifs : « Ici on loge à la nuit ». Et, pour peupler ce décor tout fait de contrastes violents, un méli-mélo d'italiens et d'italiennes aux lèvres épaisses, aux chevelures luxuriantes disparaissant à demi sous des foulards aux ramages coloriés.

Dans le ruisseau, des enfants aux têtes brunes, *facchini* de toutes les jeunesses, jouent aux billes ou à la marelle. En haut, un coin de ciel bleu, violemment découpé entre deux jours de muraille, qui rappelle le pays natal...

C'est là le quartier général des « modèles » que la fantaisie de l'artiste vient, de temps à autre, arracher aux douceurs du *farniente*, pour en faire, avec un peu d'imagination, des saints, des madones, des chérubins ou des mousquetaires.

Bien remplie de couleur locale, cette *piazzetta*, égarée sur les bords de la Seine, sur le lit de l'ancien bras, aujourd'hui desséché de la rivière de Bièvre !

CHARABIA ADMINISTRATIF

Vous connaissiez déjà — pour peu que vous vous occupiez d'automobilisme, et qui donc y est étranger à l'heure présente ? — « l'avance à l'allumage ». Mais vous connaissez sans doute moins « l'avance à l'avançage » et les « bouches de lavage ».

Cela a l'air d'être de l'auvergnat ; c'est pourtant du très bon français et si vous ignorez ces deux formules-là, c'est que vous ne suivez pas d'assez prêt les débats de notre Conseil municipal.

Voici, en effet, copié textuellement, un extrait du rapport du 12 juillet dernier, de M. Foursin, l'un de nos édiles les plus consciencieux :

« Le conseil,

» Vu..., etc..., etc..., etc. ;

» Délibère :

» Est autorisée la création d'un *avançage* pour trois voitures rue de Vaugirard, devant l'entrée du Sénat ;

la première à hauteur de la *bouche de lavage,* située à proximité de l'entrée du Sénat.

» Chevaux tournés vers l'Odéon (les malheureux !).

» L'avançage de la rue de Tournon est et demeure supprimé ».

Allumage ? Avançage ? Bouche de lavage ? Nos pères conscrits — il y en a de folichons ! — vont... s'y perdre.

———————

GRANDEUR ET DÉCADENCE

La rue de la Verrerie, que l'on élargit en ce moment aux alentours de l'Hôtel de Ville — et qui doit son nom à un établissement créé par des gentilshommes-verriers dès 1185 — fut, au temps jadis, l'une des plus brillantes et des mieux fréquentées de notre vieux Paris. C'était — gageons que M. Mollard l'a oublié — la rue « diplomatique » par excellence.

Dans un arrêté du 20 février 1672, on lit en effet que « Sa Majesté, désirant procurer la décoration de sa bonne Ville de Paris et la commodité des rues d'icelle, principalement celle de la *Verrerie* qui, menant du Louvre au château de Vincennes, est le chemin par lequel se font *les entrées des ambassadeurs des princes étrangers...*, prescrit l'élargissement de ladite rue ».

On l'élargit à nouveau... mais *les ambassadeurs des princes étrangers*, croyons-nous, ne la fréquentent plus guère !

LE BIJOU PERDU

A Charonne. — Le Château de Bagnolet. — Le Régent pousse l'ivoire. — Trumeaux, festons et astragales. — Pour vos beaux yeux et pour les pauvres. — Chasses et « laisser-courre ». — Vignes du seigneur et vignes roturières. — Un curé zélé. — Le charme est rompu. — Cardinal et jardinier. — Un saut de trente-deux semelles. — Papa Jacinthe. — La pomme d'Ispahan. (Mai 1903).

Le « Bijou Perdu »... Ce n'est pas du populaire opéra-comique d'Adophe Adam que nous voulons parler, mais simplement d'une petite merveille d'architecture de la plus « pure » époque « Régence » — « pure » est pris ici au sens figuré — dont on a irrémissiblement juré la perte.

Sur les hauteurs de Charonne, au bout de l'interminable rue de Bagnolet, sur la droite, derrière une grille de fer forgé, artistiquement cintrée, qui protège un parterre fleuri, se voit un gracieux pavillon auquel on accède par un perron aux marches garnies de vasques et d'urnes de marbre.

Tout à côté, le surplombant, de tristes et maussades bâtiments du meilleur style... administratif contrastent sugulièrement avec ce petit bijou.

C'est l'ancienne salle de billard du « Séjour d'Orléans » qui appartient maintenant à l'hôpital Debrousse, lequel, se trouvant à l'étroit dans ses grises murailles, va s'agrandir aux dépens de la salle où, sous d'élégants lambris, le Régent se plaisait à « pousser l'ivoire ».

Le « Château » de Bagnolet, morcelé à l'époque révolutionnaire, se composait d'un corps de bâtiment principal et de deux ailes dont les façades étaient couronnées de frontons à pleins cintres et qui étaient réunies par une élégante galerie à jour, formée de colonnes couplées.

Un salon du rez-de-chaussée était orné de peintures dont les sujets avaient été empruntés à *Daphnis et Chloé* ; deux de ces motifs avaient été exécutés par le Régent lui-même, peintre à ses heures.

Un autre était peint en « grisaille » avec motifs représentant la « tentation de Saint-Antoine » ;

l'artiste s'était creusé la cervelle pour y représenter le disciple sous toutes les formes possibles et imaginables.

Les jardins, dessinés par Des Gods, neveu et élève de Le Nôtre, étaient entrecoupés de pièces d'eau et de *Serpentines*, dont les gracieux méandres dévalent encore de nos jours — hélas ! transformés en égouts — des hauteurs de Charonne, vers Vincennes et vers Bercy. A l'extrémité orientale, un pavillon s'élevait, surmonté d'un belvédère, dont le rez-de-chaussée était garni de trumeaux figurant des plantes peintes en camaïeu et rehaussées d'or ; le plafond, blanc et or, était orné de vignettes.

La principale avenue du château mesurait cinq cents mètres ; elle était dénommée : *Chemin de Madame* et fait actuellement partie de la voirie du xxe arrondissement sous le nom inattendu de rue des Balkans.

*
* *

Le séjour des d'Orléans à Bagnolet avait son bon côté pour le village : les visites du prince étaient toujours signalées par quelques largesses.

En veut-on un exemple ? Un jour — c'était la fête du pays — comme le Régent, seigneur de l'endroit, devait assister à la messe, on avait choisi pour quêter la plus jolie fille du crû. La quêteuse, conduite par le Suisse, vient faire la révérence au prince et lui présentant sa bourse : « Pour les pauvres, s'il vous plaît, Monseigneur ! » lui dit-elle. Emerveillé par la grâce, l'air candide et la beauté de la jeune personne, le Régent tire une poignée d'or de sa poche, et, mettant le tout dans la bourse : « Pour vos beaux yeux, ma toute belle », répond-il en souriant. — « Et pour les pauvres, Monseigneur ? » répète la jeune fille en continuant de lui tendre l'aumônière.

Le prince, comprenant la finesse de la réplique, n'a garde de se faire tirer l'oreille ; il prend une seconde poignée d'or et s'exécute de la meilleure grâce du monde.

Mais si le voisinage du prince avait ses avantages, il avait aussi ses inconvénients. A Bagnolet, pays de maraîchère culture, les champs étaient toujours en plein rapport; après les roses, — rivales de celles de Provins, — les fraises ; après celles-ci, les groseilles et les framboises; puis les pêches — voisines et émules de celles de Montreuil; enfin les vignes. De telle sorte que, lorsque le Duc d'Orléans arrivait avec sa suite de chiens, de piqueurs et de valets, les champs se ressentaient longtemps de leur passage ; néanmoins, le paysan regardait cela comme un mal nécessaire et le subissait sans rien dire. Quant au prince, il payait la taille du pays à titre d'indemnité et se croyait bien quitte. Un jour même, trouvant que les vignes étaient un obstacle à ses « laisser courre », il en fit couper tous les sarments.

Là-dessus grande rumeur dans le pays. Le curé fit sonner le tocsin et les paysans tombèrent à bras raccoucis sur les gens de la maison princière. Il y eut poursuites au Civil et au Criminel et les mutins furent conduits en prison.

Apprenant que c'était le curé de l'endroit qui avait donné l'alarme, le Régent n'insista pas. L'affaire fut « enterrée » mais le prince en fut fort mortifié et on ne le vit plus, dès lors, que fort rarement à Bagnolet. Il demanda même et obtint de l'avancement pour le vénérable pasteur, l'abbé René Loyau, qui avait pris si courageusement la défense des « opprimés ». Mais le charme était rompu. Bagnolet fut abandonné, démeublé, finalement fermé.

Quant à cette émeute, sorte de prélude au petit-pied — au petit pied... de vigne — de la Révolution, la chronique locale la désigna sous le nom de « Révolte des Vignes ».

*

Les d'Orléans avaient pour voisins, à Bagnolet, deux illustrations d'ordre divers. D'abord le Cardinal du Perron qui y avait sa demeure de prédilection : il y naquit et y mourut. C'est là qu'il se plaisait à raconter à ceux qui le venaient voir, quand il était vieux et infirme que, malgré ses jambes enflées et impotentes, il avait été jadis fort agile ; qu'un jour, notamment, après avoir bu vingt verres de bon vin, il sauta « l'étendue de vingt-deux semelles ». Ce à quoi Regnard, témoin de cette gaillardise, aurait répliqué : « Mais ce n'est pas sauter, c'est voler ! »

Le vieux prélat, quelque temps avant sa mort, fit exécuter une foule de changements dans son jardin ; mais il défendit bien de toucher à l'allée où il avait sauté « vingt-deux semelles ».

*
* *

L'autre voisin du Régent était un jardinier fameux le sieur Denys Graindorge — un nom tout indiqué, n'est-il pas vrai pour un cultivateur ? C'est lui qui acclimata en France les jacinthes qu'il avait fait venir de Hollande et qui se développèrent à merveille dans le terrain éminemment siliceux de

Bagnolet. Du coup, il gagna le surnom de *Papa Jacinthe*.

Le même jardinier essaya aussi d'acclimater chez nous la *pomme d'Ispahan,* qui devient grosse comme une tête d'enfant, transparente comme une cerise et que l'on trouve en Russie jusqu'aux environs de Moscou. Mais il ne put réussir... Nous n'en étions pas encore aux beaux jours de l'alliance franco-russe et cette pomme est restée pour nous le fruit défendu !

Nous en faisons volontiers notre deuil, d'ailleurs; nous le ferons moins facilement du bijou d'architecture que convoitent les « Vandales » de l'Assistance Publique...

VOUÉ AUX EXPROPRIATIONS

M. Edouard Pailleron, le regretté académicien, s'écriait un jour par devant l'un de ses amis, en se souvenant, sans doute, d'un mot très connu de lui : « Décidément, je vis dans un monde où l'on.... m'ennuie ! »

Et il tendait à son interlocuteur un pli émanant de la haute et puissante Compagnie d'Orléans — voilez-vous la face, ô M. Bourrat ! — informant M. Edouard Pailleron « homme de lettres » qu'il était exproprié moyennant la somme de 16.000 francs, à titre d'indemnité.

L'expropriation s'acharnait après lui. Déjà, en 1886, il avait dû quitter l'hôtel Chimay, envahi par l'Ecole des Beaux-Arts, pour se réfugier au dessus du célèbre Café d'Orsay qu'égaya naguère certaine histoire amusante de petit marmiton travesti...

Il était si heureux, le pauvre Pailleron, de pouvoir contempler du balcon où s'accoudèrent successi-

vement Robert de Cotte, l'architecte du Roi, le comte
d'Argental, l'ami de Voltaire, et le marquis de Chas-
tellux, l'incomparable panorama de la Seine dans les
remous de laquelle, le soir venu, la lune allumait
l'*Etincelle !...*

LE CÈDRE DE GIGOUX

L'Hôtel du comte Potocki, avenue Friedland, qui vient de recevoir la visite très passagère, heureusement, du feu, possède un superbe jardin. On y rencontre des arbres de la plus belle venue et des essences les plus rares ; il y a quelques années encore on pouvait y voir un cèdre de toute beauté : c'était le frère cadet du cèdre de Jussieu dont s'enorgueillit notre lointain Jardin des Plantes. On le qualifiait sous le nom de « cèdre de Gigoux » et il jouit d'une telle célébrité que Lamartine lui consacra tout un chapitre.

Il y avait là, jadis, sur les hauteurs du Roule, une pépinière royale — d'où les noms des rues d'Artois, de Berry, de Ponthieu, d'Angoulême (aujourd'hui La Boëtie) qui s'entrecroisent dans le voisinage — qui fut donnée en fief au comte d'Artois et que la Révolution se chargea bientôt de morceler.

Beaujon en acheta une partie pour édifier sa

fameuse *Chartreuse* s'abritant à l'abri du cèdre de l'ancienne pépinière royale. Après Beaujon, Gigoux, le peintre doublé d'un homme d'esprit, y établit ses pénates et son atelier.

Il eut le culte de son cèdre, Gigoux ; il le cultiva avec amour. On venait pour admirer ses œuvres... il vous montrait son cèdre.

C'était son violon d'Ingres, à ce brave homme de Gigoux.

Hélas ! Gigoux n'est plus.

Ce contemporain de Delaroche et de Balzac, son voisin du Roule, — il fit le portrait de sa belle-fille, la comtesse Mniszeck, — est mort l'an dernier, presque centenaire.

Il avait survécu à son cèdre chéri !

FUTAIES ET CHARMILLES

*Le château de Clignancourt. — Offre de vente. —
Atermoiements. — La ville se ravise. — Un beau
square en perspective. — Fraises des bois et œufs
frais du crû. — La collection Trétaigne.*

Il y a quelques années, M. le baron de Trétaigne,
l'aimable conseiller général de l'Aisne, petit-fils de l'ancien maire de Montmartre et propriétaire du château de
Clignancourt, offrit à la ville de Paris de lui céder,
d'un bloc, son domaine. C'eût été pour la ville une
affaire superbe — Clignancourt manque de square et
la population si particulièrement dense du quartier
eût accueilli avec joie, si elle avait été maîtresse
d'elle-même, l'offre de M. de Trétaigne. Son parc
admirable, en plein rapport, avec des arbres de haut
jet, des ombrages séculaires, une petite rivière, des
pelouses vertes comme un tapis de billard, eut pu

être affecté à sa destination nouvelle sans aucun frais d'aménagement.

*
* *

Des pourparlers furent engagés mais — naturellement — l'Administration se fit tirer l'oreille et accumula objections sur objections, délais sur délais... De guerre lasse un tiers survint et c'est lui qui vient aujourd'hui trouver la Ville et lui mettre le marché à la main, dans les termes suivants :

« J'ai acheté à la famille de Trétaigne le terrain compris entre la rue Ordener et la rue Marcadet, contre lequel sont adossées les écoles ; je me propose de percer des rues et construire des maisons de rapport.

« Ayant eu connaissance d'un projet de square que se proposait de créer la Ville, et dont le quartier aurait le plus grand besoin, avant d'abattre les beaux arbres qui le garnissent et de morceler, je viens me mettre à votre disposition pour céder à la Ville telle partie qui pourrait lui convenir...»

Le Conseil municipal semble décidé à entrer dans ces vues, mais cette affaire, traitée de seconde main, sera bien entendu, beaucoup moins avantageuse que celle qu'il a laissé échapper naguère.

*
* *

La propriété de Trétaigne emprisonnée désormais en plein cœur de... Montmartre, avait, outre son parc, une ferme modèle, un potager en plein rapport, et, il n'y a pas encore bien longtemps, il me fut permis d'y déguster des « œufs à la coque » et des fraises « des bois » les uns éclos, les autres cueillies du matin même, entre le Sacré-Cœur et la mairie du XVIIIe !

Quant au château de Montmartre, — ou plutôt de Clignancourt — c'était un petit manoir dont la construction se perd dans la nuit des temps. Il dépendait primitivement du monastère de Montmartre et fut cédé à Jacques Liger de Graville.

Son principal ornement intérieur était une collection de tableaux de toute beauté que M. le baron Michel de Trétaigne avait réunis avec un gout très sûr.

Collectionneur sagace, vivant là au milieu de la colonie artistique qui peuplait Montmartre, les Troyon, les de Dreux, les Diaz, jusqu'aux Cabanel, aux Puvis de Chavannes, aux Renoir et aux Jean Béraud, M. de Trétaigne était aux premières loges pour faire son choix. Il le fit, en admirateur de notre école française moderne, avec le plus délicat discernement.

Tout cela a quitté Clignancourt. Le château va faire de même.

Espérons au moins que les futaies et les charmilles lui resteront...

A VAUGIRARD

Suivant contrat reçu par M* Mahot de la Quérantonnais, notaire à Paris, soussigné, les quatorze et vingt-trois avril mil neuf cent deux, portant cette mention : « Enregistré à Paris, 2ᵉ bureau, le vingt-cinq avril mil neuf cent deux, folio 95, case 5, volume 589 A. Reçu gratis. Signé : Rousse »...

Ces choses là, dites en termes galants, sont extraites du *Bulletin Municipal officiel* : nous vous faisons grâce du reste. Nous noterons simplement que la ville de Paris vient d'acheter à plusieurs particuliers les immeubles ou « parties d'immeubles » nécessaires à la création sous le nom de rue du « Vaugirard-Nouveau », d'une rue destinée à relier la rue Félix-Faure à la rue Lecourbe.

La voie nouvelle va emprunter le sol de l'ancien château de Vaugirard, dont le dernier seigneur fut — une rue voisine en a gardé le nom — François d'Alleray, lieutenant civil de la prévôté de Paris.

On cite de lui ce trait qui peint sa belle âme. Lors du retour du roi Louis XVI, après son arrestation à Varennes, la multitude égarée s'était ameutée et criait : « *Tête couverte et mépris !* »

D'Alleray était venu, en costume officiel, saluer l'infortuné Monarque. Il entend ces cris menaçants ; aussitôt il se découvre et tombe à genoux devant son roi.

Fouquier-Tinville ne l'oublia pas et la tête de François d'Alleray tomba sous le couperet de la guillotine.

FAUSSE ALERTE

Il court de par le monde un bruit épouvantable.

Est-ce le sort tragique du Campanile de Venise qui lui a donné naissance ? Nous ne savons — la peur est contagieuse. — Toujours est-il qu'on prétendait ces jours-ci que Notre-Dame avait failli s'écrouler... rien de moins !

Informations prises, on avait poussé au noir. La vérité est qu'une cavité s'est ouverte au sud de la Cathédrale, sur le quai de l'Archevêché. On y a retrouvé les derniers restes des anciens « Cagnards » de l'Hôtel-Dieu — çes caves solitaires et mystérieuses — qui ont engouffré tant de... légendes dont Xavier de Montépin a fait son profit, et qui par dessous la Seine réunissaient les deux corps de bâtiments de l'ancienne Maison de charité.

Une tranchée pratiquée en cet endroit a révélé l'existence de deux fissures assez inquiétantes, et l'ingénieur en chef des ponts et chaussées a profité de l'occasion pour faire établir le long de cette muraille, qui n'a rien à voir, d'ailleurs, avec les fondations de Notre-Dame, de sérieux supports.

Lorsque les travaux de maçonnerie seront terminés, les terres seront rapportées et le quai de l'Archevêché sera rendu au public.

Notre-Dame peut encore défier les siècles !

LE PALAIS DE FURSTENBERG

Un vieux qui en a vu de toutes les couleurs. — Encore
Gigoux. — « En revenant de la Revue ». — Plus
de bruit que de mal. — Encore un carreau de cassé !

C'est ce bel immeuble, tout de briques et de
pierres de taille, qui s'accoude au chevet de Saint-
Germain-des-Prés.

L'ancienne résidence de l'Abbé a eu des fortunes
diverses : on y a vu successivement une école de
chirurgie, une clinique dentaire, deux ou trois grands
éditeurs parisiens, la *Société d'Histoire* et d'*Archéologie*
de Paris.

Les artistes Faugirol, Pradier et Gigoux — ce
dernier avant d'aller habiter la « Nouvelle-Londres »
au faubourg du Roule — y eurent tour à tour leurs
ateliers.

Détail peu connu : les dessous de ce vieil immeuble,

qui assista de si près, aux heures sanglantes de 1794, à toutes les horreurs dont l'abbaye fut le théâtre, communiquent, par des caves voûtées qui passent en souterrain sous la chaussée, avec les n⁰ˢ 3 et 5 de la rue de l'Abbaye.

Ce souterrain dans lequel un entrepôt de vins logerait tout à l'aise a naturellement donné naissance à un nombre incalculable d'histoires d'oubliettes à vous faire dresser les cheveux sur la tête !

Aussi bien, le beau monument auquel le cardinal de Furstenberg a attaché son nom a failli passer, ces jours-ci, un mauvais quart d'heure.

Libertad, — qui revient de temps à autre sur l'eau du Paris révolutionnaire — et ses compagnons se sont évertués à casser les vitres du palais « en revenant de la revue »... des troupes anarchistes à l'annuel « pélérinage », à la *place Maub.*, autour de la statue d'Etienne Dolet.

L'affaire n'a pas eu d'ailleurs d'autres suites, et, à défaut des agents de M. Lépine, les vitriers habitués à ce genre d'exercice ont eu, seuls, a intervenir...

Encore un carreau de cassé !

LE BILAN D'UNE EXPROPRIATION

Au « boulevard de Bretagne ». — L'Institut menacé. — Vaines alarmes. — Un Ministre rassurant. — La rue Visconti. — Ce qu'on y voit encore. — Balzac imprimeur. — Raretés bibliographiques. — Pleurs et grincements de dents.

La rue de Rennes, — le boulevard de Bretagne, comme on l'appelle dans le quartier — qui attend depuis quarante son achèvement, va décidément poursuivre sa course à travers les ilôts avoisinant les rues de Seine et Mazarine pour aboutir place Conti, à un pont nouveau pont qui sera jeté entre le Pont-Neuf et le pont des Arts. Nous y perdrons la statue de Condorcet... le mal sera réparable Mais le « Collège des Quatre-Nations » demeurera intact. C'est l'essentiel.

Très émus de l'expropriation qui les menaçait, M. Berthelot, secrétaire perpétuel de l'Académie des sciences, et M. Gaston Boissier, secrétaire pêrpétuel de l'Académie française, se sont rendus auprès du ministre des Beaux-Arts, pour appeler son attention sur les inconvénients qu'aurait le prolongement de la rue de Rennes à la suite de l'expropriation d'une partie des bâtiments de l'Institut et de l'établissement du métropolitain dans cette partie de la ville.

Le Ministre, pour calmer leurs alarmes a soumis à ces Messieurs le projet de M. Bouvard qui respecte les moindres pierres du palais Mazarin. Il l'isole et en fait un véritable temple des Lettres, des Sciences et des Arts, débarrassé de ces bâtiments antiques, incommodes et laids qui prolongent ses dépendances si disgracieusement en verrue jusqu'au petit passage de douteux aspect de la rue Mazarine.

Par contre, la vétuste rue Visconti va être emportée presque tout entière et, avec elle l'Hôtel de Rânes qui, entre autres occupants, eut l'honneur d'abriter successivement Racine, la Champmeslé, Adrienne Lecouvreur et Mademoiselle Clairon.

C'est en cette rue également que le protestantisme s'est établi en 1559 ; le poète Saint-Amand y est mort au n° 1, maison qui porte encore, sur sa façade de la rue de Seine, une vieille enseigne en fer forgé du cabaret au « Petit More » ; des Yveteaux a habité cette rue ; Balzac y a été établi imprimeur alors qu'elle s'appelait rue des « Marais-Saint-Germain » ; et c'est de cette officine que sont sortis le *Dictionnaire comique des Enseignes de Paris*, *l'Art de mettre sa cravate*, *l'Art de ne pas payer ses dettes*, et vingt autres petites plaquettes qui constituent autant de raretés bibliographiques ; enfin, Louis et Charles Blanc, à leur arrivée à Paris, en 1830, y descendaient, au n° 21, près de l'ancien hôtel de Rânes d'Argouges, qui compta tant d'illustres locataires et dont l'aspect est encore fort curieux.

L'implacable percement de la rue de Rennes va faire couler bien des larmes et grincer bien des dents dans les rangs des « balzaciens ».

Balzac l'aimait tant, sa vieille rue des Marais, bien qu'il ait englouti dans son imprimerie le plus clair de ses maigres revenus... d'alors !

LA TOUR, PRENDS-GARDE !

Elle se voit, la tour en question, au n° 86 de la rue à laquelle elle a donné son nom, à Passy, et elle vient d'être l'objet d'une restauration fort intelligente de la part des Dames de Sainte-Clotilde dont elle abrite la maison d'éducation.

Si l'on en croit nos vieilles chroniques, cette tour faisait partie d'un manoir appartenant en 1305, à l'échanson de Philippe-le-Bel, et dont le roi se servait volontiers comme rendez-vous de chasse. Le manoir s'appelait « l'échansonnerie » ; la tradition veut que l'arrêt de mort des Templiers y ait été signé.

Losque le manoir fut en ruine, la Tour tint bon et devint militairement « moulin à moudre de la farine ».

Les « Bonshommes de Passy », au commencement du dix-huitième siècle, allaient volontiers y manger sur place des galettes qui étaient renommées. Pendant de nombreuses années, la rue porta de ce fait, le nom aujourd'hui simplifié, de rue du « Moulin-de-la-Tour ».

Le pittoresque monument a eu comme habitants, dans sa dernière période, des hôtes de distinction, entre autres M. Villemain qui fut ministre sous Louis-Philippe, puis la Comtesse de Montijo et ses deux filles... Ceci quelques mois avant la proclamation du Second Empire.

La vieille Tour a bien souvent failli mordre la poussière... Espérons que cet intéressant souvenir du Paris de nos Pères nous sera conservé, grâce aux Dames de Sainte-Clotilde.

PETITS MÉTIERS PARISIENS
LE LOUEUR DE PÉPINS

... *Pépin,* on le sait, pour ceux qui ne parlent pas précisément la langue de M. Brunetière, c'est : parapluie.

Nous l'avions rencontré l'autre jour aux « populaires » — les places à vingt sous — de l'hippodrome de Longchamp, le loueur de « pépins ». Il faisait chaud, ce jour-là ; le soleil brûlait la pelouse, et, prévoyant, le loueur de parapluies s'était approvisionné... d'ombrelles. Car il cumule, ce modeste industriel du trottoir que Privat d'Anglemont n'a pas connu puisqu'il n'en a pas parlé ; il loue même des cannes... les jours de manifestations.

Nous l'avons retrouvé hier — oh ! à deux pas d'ici, à la porte d'Orléans — contre le lointain cimetière de Bagneux, la plus désolante des nécropoles de Paris... celle où les concessions à perpétuité sont chose inconnue, celle ou l'infortunée Radica est allée rejoindre sa sœur Doodica, dans la fosse commune.

C'est là, nous a confié le marchand, qu'il fait ses « meilleures affaires ». Il guette les jours humides, le brave homme ; il guette surtout les « deuillants » pédestres que le fâcheux grain vient surprendre en plein cortège. Et alors, pour éviter un inadmissible désarroi, il se présente la bouche en cœur et... le parapluie en main, et la location se fait sur place et de gré à gré.

Le tarif est d'ailleurs accessible à toutes les bourses fussent-elles les plus humbles. Le prix est en effet de o fr. 25 centimes, de la Porte d'Orléans au cimetière de Bagneux, *aller et retour* pour un beau parapluie à « baleines incassables ».

Les cassures « se payent à part »... tout comme les accrocs au billard.

Inutile d'ajouter que c'est aux tristes jours de novembre que les affaires sont les plus actives autour de la porte d'Orléans.

LA GIROUETTE DE LA MARINE

Rassurez-vous ! ceci n'est pas une question ministérielle, mais un simple écho météorologique.

Depuis plusieurs semaines, en dépit des sautes de vent, des changements de temps... et de ministère que nous avons subis, la girouette qui surmonte le campanile du ministère de la marine reste invariablement fixée vers le Nord. Insensible aux caresses variées de la brise, elle ne veut « rien savoir ».

... Sans doute, c'est fort bien, surtout à la marine, que de ne pas vouloir « perdre le Nord » ; encore ne faudrait-il pas y mettre de l'exagération. Une girouette n'est pas une boussole, que diable !

Allons, messieurs de la Marine ! un peu d'huile, s. v. p., à votre girouette qui nous a tout l'air d'avoir... les pieds nickelés.

LA PATTI COMPOSITRICE

Sait-on que la Patti — qui va faire ses derniers adieux à la scène — s'est révélée, il y a longtemps de cela, compositrice de musique ? En feuilletant un vieil album de « morceaux pour piano », nous venons de retrouver une valse — éditée en 1865 — sous ce double titre : *Fior di Primavera — Fleur du Printemps,* et dédiée au prince impérial par Adelina Patti.

La vignette de cette valse représente le « Petit Prince » dans un médaillon émergeant d'une touffe de violettes et qu'entoure un manteau d'hermine surmonté de la couronne impériale.

La « valse du Prince impérial » — un peu oubliée depuis 1865 — est « épuisée » et est devenue une rareté musicale.

Musiciens et pianistes, fouillez dans vos vieux cahiers et tâchez d'y retrouver la jolie valse de la Patti qui, elle, — nous parlons de la cantatrice — demeure toujours jeune et... d'actualité.

C'est à New-York qu'auront lieu, aprés une abondante récolte de dollars, les adieux de la Patti, aujourd'hui baronne de Cederström, après avoir été marquise de Caux.

Il était juste que l'Amérique, qui eût les premiers trilles du rossignol, ait aussi les derniers soupirs — délicieux encore — d'une voix qui tombe à peine et qui peut encore faire bien des envieuses !

LA DÉFROQUE DE BARNUM

Les voyageurs qui fréquentent la ligne électrique des Moulineaux, jouissent, au sortir du « tunnel » du pont de l'Alma, d'un spectacle assez inattendu.

Sur une voie de garage sont remisées — à peine à l'abri de la pluie — plusieurs immenses *plates-formes* encombrées de colis hétéroclites, tout galonnés d'or, d'azur et d'argent... Il y a là des chars, des traîneaux et toute une collection de défroques aux tons criards, entassés sens dessus dessous et confondus dans un chaotique amalgame...

Il paraît que, lorsque le train de Barnum dut quitter la gare des Invalides, il y a de cela plusieurs mois, les *plates-formes* en question ne purent jamais « démarrer », le train ayant déjà plus que sa charge normale, et la locomotive essouflée s'étant absolument refusée à les remorquer...

Force a donc été de les « décrocher », et elles sont là attendant des jours meilleurs.

Va-t-on les porter au Mont-de-Piété ?

Nous croyons fort qu'il n'aurait pas assez de « dégagements » pour les recevoir !

REVANCHE DU SEIZE MAI...

Les ouvriers de la Ville se sont installés sur le terre-plein Est de la place de la Madeleine, et, en un tour de mains, ils ont enclos l'emplacement de l'ancienne fontaine aux eaux stagnantes d'une immense palissade. Ces belles planches, qui sentent le sapin à plein nez — on se croirait à Arcachon — entre lesquelles on a ménagé, au fond, une large baie qui leur donne l'apparence d'un guignol gigantesque, sont encore vierges de toute affiche, de toute inscription, sauf celle d'un entrepreneur de publicité, concessionnaire de l'affichage en ce lieu, dont le nom se lit seul, mirobolant, sur cette blanche cimaise. Ce qui fait que deux Anglais se demandaient, devant nous, si c'était le nom du grand homme qui va être *statufié* là ? Nous les avons détrompés, leur apprenant — les Parisiens le savent déjà — que la place était réservée à M. Jules Simon.

Jules Simon ! Ce « veinard », pour qui s'ouvrirent

le même jour, le 15 décembre 1875, les portes de l'Académie et celles du Sénat, ce qui lui valut ce quatrain signé, croyons-nous, de M. de Tillancourt, son ancien collègue à l'Assemblée Nationale :

> Simon, le plus adroit des hommes,
> A surpassé Guillaume Tell ;
> D'un seul coup, il abat deux pommes
> Et devient deux fois immortel.

Jules Simon, le doux penseur, qui va pouvoir continuer à « philosopher » là, tout en humant le parfum des fleurs du marché de la Madeleine...

Ce sera pour lui l'occasion de faire, à son tour, ce fameux « Ordre Moral » qu'il reprochait jadis tant à M. le duc de Broglie !

UNE PETITE VILLE EN VERRE

Le *Gaulois* parlait ces jours-ci d'une « station » d'Ecosse faite de wagons mis au rancart et transformés en logis pour baigneurs.

Nous pouvons aujourd'hui, sans aller si loin et sans traverser le « canal » signaler aux amateurs de pittoresque une autre petite « station » faite, celle-ci, d'anciennes voitures de tramways réformées et qui servent d'abri à deux ou trois familles de braves terrassiers de la banlieue parisienne.

C'est au Bas-Meudon, au pied même du funiculaire de Bellevue, que se rencontre cette petite « cité de verre » constituée par quelques *cars* aux panneaux armoriés, décrépits, mais intacts dans leur armature de verre et de fer, de la ville de Versailles.

Il y a là tout ce qu'il faut... pour dormir et manger : chambres, salons (?) cuisines, communs... le tout constituant un « petit trou pas cher », et cela à un quart d'heure des fortifications.

... Seulement, que l'on se hâte d'aller visiter cette inédite « station », car la Compagnie de l'Ouest va l'exproprier pour cause d'agrandissement...

FEU L'ECREVISSE

L' « Ecrevisse » se meurt ; l' « écrevisse » est morte...

Vous connaissez sans doute, au moins de vue, l'établissement culinaire qui, à l'angle des rues Saint-Denis et de Cléry, se signalait à l'attention des gastronomes... ou des simples passants par une enseigne curieuse et fort ancienne, figurant une écrevisse immense taillée dans la pierre ?

La vogue du restaurant de l' « Ecrevisse » — a l'époque où l'on soupait encore — contre-balançait celle de l' « Escargot » et du « Rocher de Cancale », ses voisins et ses rivaux... Bien entendu, l' « Ecrevisse » ne fournissait à ses clients que ses homonymes de la Meuse — alors que la Meuse en portait — lequelles suivant Brillat-Savarin, pouvaient s'accommoder de cent douze façons différentes.

Il y a quelques années, l' « Ecrevisse » faillit périr dans les flammes... en *buisson* ardent, voulons-nous

dire. Son toit abritait un atelier de photographie, où
éclata une formidable explosion.

Elle retomba sur ses pattes l' « Ecrevisse », mais
elle en eut « dans l'aile », si j'ose m'exprimer
ainsi.

La voilà qui ferme aujourd'hui ses portes...

Il n'y avait déjà plus d'écrevisses dans la Meuse,
ni même à Nantua...

Il n'y en aura bientôt plus rue Saint-Denis !

A PROPOS DE L'ARCADE

On vient de jeter bas, entre les rues de l'Arcade et Pasquier, un vieil hôtel d'allure aristocratique qui appartint successivement aux familles de Beaumont et de Cholet.

Il avait été édifié sur l'emplacement exact de l'*Arcade*, qui a donné son nom à la rue et que les Dames Bénédictines de la Ville-l'Evêque avaient dû jeter sur la voie publique pour réunir leurs jardins et leur potager.

En face, se voyaient jadis l'hôtel Castellane — d'où le nom de la rue percée sur son emplacement en 1825 — et dont le dernier propriétaire fut le comte de Castellane, colonel des hussards de la garde royale, et l'hôtel de la famille de Soyecourt. C'était une belle race de preux que cette famille de Soyecourt : un Soyecourt resta sur le champ de bataille de Crécy, un autre dans les plaines d'Azincourt.

La dernière des Soyecourt fut — M. Lenotre le

rappelait récemment dans l'une de ses savantes étudés, — l'héroïque carmélite qui s'échappa, par miracle, aux fureurs de la Révolution et put racheter le couvent des Carmes de la rue de Vaugirard où elle fit édifier une chapelle à la mémoire des victimes des massacres de Septembre...

LES PIERRES QUI PARLENT

Est-ce le résultat des pluies continuelles qui ne cessent de *délaver* les murailles parisiennes ? Est-ce un simple effet de « réaction » chimique ? Nous ne savons. — Toujours est-il que l'on peut lire présentement, non sans surprise, à l'angle de la rue Boissy-d'Anglas — jadis de la Bonne-Morue — et de la place de la Concorde, cette inscription ultraséditieuse :

Place Louis XVI

tracée là, sous la Restauration, en belles lettres « bleu de roi » sur fond jaune d'or, et depuis longtemps disparue sous des grattages et badigeonnages répétés — mais insuffisants — puisqu'elle vient de remonter à la surface.

Ce petit phénomène peut s'observer sur le dernier pilier du bel hôtel Crillon, dit aussi *des Ambassadeurs* — d'où le nom d'un établissement voisin —

en souvenir des Envoyés du roi d'Espagne qui y descendaient et dont l'une des arcades formant galerie
au rez-de-chaussée laissa voir longtemps un énorme
éteignoir en fer, jadis à l'usage des torches de
MM. les courriers de l'ambassade..

— Heureusement que notre inscription ne s'est
pas trompée d'encoignure. La voyez-vous faisant
son apparition sur la maison d'en face, celle du
ministère de la Marine !

« GARE AUX PATACHES »

Dans ses dernières séances, le Conseil général a décidé la transformation complète des berges de la Seine, rive gauche, en amont du pont d'Austerlitz.

C'est là que se voyait naguère la « gare » des pataches fameuses qui, trois fois la semaine, remontaient la rivière et faisaient ainsi concurrence aux « coches d'eau » de Corbeil, de Montereau et d'Auxerre, lesquels s'amarraient un peu plus bas, au port Saint-Bernard.

La « gare » — dont le nom est resté attaché à tout le quartier environnant — avait la forme d'une vaste demi-lune. L'hiver, par les froids rigoureux, la batellerie parisienne s'y réfugiait pour s'y mettre à l'abri des glaces.

Le « bureau des coches » existe toujours ; mais la « gare aux pataches » a vécu. Sur son emplacement on rêve peut-être d'établir un immense « garage à autos... »

Ceci a tué cela.

VICTOR HUGO ET LA TOUR DU VERT-BOIS

A propos de l'abbaye de Saint-Martin-des-Champs — aujourd'hui conservatoire des Arts-et-Métiers — dont les journaux parlaient récemment, rappelons un mot amusant de Victor Hugo que nous croyons peu connu.

C'était en 1877. La gracieuse tour du Vert-Bois, qui fait l'angle de la rue du même nom et de la rue Saint-Martin, péchait un peu par la base.

L'architecte, pour se ménager un alignement savant, rêvait de la jeter bas. D'où grand émoi dans le monde des archéologues.

On fit appel à Victor Hugo, alors sénateur de la Seine, qui opina de la sorte : « Démolir l'architecte, oui ! Démolir la tour, non ! »

Les deux furent épargnés... et l'on se contenta de restaurer la tour, qui avait bien failli se laisser abattre !

POUR SAUVER LE BEC DE GAZ !

A l'angle des rues Vieille-du-Temple et des Francs-Bourgeois, une antique maison s'avance tellement sur la chaussée, et le trottoir qui l'entoure est si étroit, que les passants, pour se garer du contact des véhicules dont le mouvement est si intense dans ce vieux coin de Paris, ont pris l'habitude de se réfugier dans le magasin d'angle transformé, de la sorte, en un véritable passage — un garage à piétons, quoi ! pour ceux qui vont d'une rue dans l'autre.

Il paraît aussi que le bec de gaz faisant face à la maison en question — il ne peut pas se déplacer, lui — est démoli plusieurs fois par semaine par les omnibus et les lourds camions qui rasent le trottoir.

Pour remédier à cet état de choses — et pour sauver le bec de gaz — on va exproprier l'immeuble qui fait une si malencontreuse emprise sur la voie publique.

Le *Provincial à Paris*, un curieux petit recueil

paru en 1788, nous apprend que c'est là que se tenait alors, blotti entre les beaux hôtels de Soubise et de Rohan, le « cabinet de M. Dutartre pour tableaux de toutes les écoles » — la rue Laffitte n'existait pas encore — « dont cinq de Rubens ».

...Mais où sont les « Rubens » d'antan ?

UN MARCHÉ QUI NE MARCHE PLUS

C'est du marché Saint-Honoré qu'il s'agit. Déjà l'un de ses quatre pavillons avait été converti en poste de sapeurs-pompiers, accompagné d'une succursale des Ambulances urbaines. Voici, maintenant, que son voisin — celui de la poissonnerie — va fermer ses portes pour faire place... à une blanchisserie modèle.

On sait que ce marché fut ouvert sur l'emplacement du couvent des Jacobins Réformés, qui s'y étaient établis en 1613 et dont l'église contenait les sépultures de Mignard et du maréchal de Créquy.

C'est là que, du 1er avril 1791 au 14 novembre 1794, dans un local à elle loué moyennant douze cent francs, siégea la Société dite des « Amis de la Constitution », c'est-à-dire le Club des Jacobins.

La Convention décréta, le 28 floréal an III, la démolition des anciens bâtiments conventuels et leur remplacement par le marché dit du Neuf Thermidor.

C'est ce marché, reconstruit en 1865, qui se meurt présentement d'inanition.

... Ça ne marche donc plus ?

AUTOUR DU CLOITRE « SAINT-HONORÉ »

M. Levée, conseiller municipal du quartier du Palais-Royal, vient de se plaindre, non sans raison, de l'état impraticable dans lequel on laisse, tant au point de vue de l'éclairage que de la viabilité, le dédale de passages étroits et de cours tortueuses connu sous le nom de « Cloître Saint-Honoré », à deux pas du Louvre.

Le préfet a répondu qu'il allait y mettre bon ordre. Sait-on, à ce sujet, que ce cloître est le dernier vestige d'une belle paroisse, jadis l'une des plus importantes du vieux Paris ? On y voyait notamment le monument du cardinal Dubois, exécuté par Coustou, lequel, lorsque l'église Saint-Honoré tomba en 1790 pour le percement de la rue Montesquieu, fut transféré à Saint-Roch.

L'église avait elle-même remplacé une modeste chapelle fondée en 1204, par un brave compagnon boulanger, en l'honneur de saint Honoré, patron de la corporation et dont le nom est resté attaché à ces beaux gâteaux dorés, garnis de crème blanche fouettée, qui, de tout temps, ont fait les délices des enfants — petits et grands — qui aiment les friandises...

LE GAZ

A propos d'une question aussi brûlante... qu'obscure. Il s'agit, naturellement, de celle du gaz sur laquelle on a déjà essayé, à propos de l'abaissement du mètre cube à vingt centimes, de jeter un peu de lumière.

Tâchons, au moins d'éclairer... son origine.

Il y a exactement cent ans que l'inventeur du gaz d'éclairage, Philippe Lebon, mourait sans avoir vu ses efforts couronnés de succès.

Il fit ses premiers essais, on l'ignorait sans doute, dans les jardins et les appartements d'un bel hôtel encore existant au faubourg Saint-Germain : l'hôtel de Seignelay, que la légation d'Italie a occupé longtemps, qui abrita ensuite l'ambassadeur d'Espagne et appartient actuellement à M. Cibiel, le distingué député conservateur de l'Aveyron.

Ce n'est qu'en 1828 qu'on se décida à adopter le gaz comme mode d'éclairage de nos voies publiques. Ce furent les seize candélabres de la place Vendôme qui en eurent l'étrenne...

Depuis cette date, le gaz a fait son chemin dans le monde de nos rues.

La Mire du Nord, à Montmartre

D'après un dessin du « Bulletin du Vieux Montmartre ».

MONTMARTRE BOUGE...

... A tout le moins, Montmartre va bouger.

On connaît la « Mire » qui, à deux pas du jardin du « Moulin de la Galette » fixe la ligne idéale du méridien de Paris.

Or, il paraît que la Ville élève des prétentions au sujet de la propriété de l'enclos qui entoure ladite « Mire », et qu'elle est sur le point d'envoyer du papier timbré au maitre de céans, M. Debray, à qui appartiennent également les deux derniers moulins et l'ultime « vignoble » de la Butte.

Quel est au juste l'objet du litige ?

C'est une pyramide de pierre avec une simple date — 1736 — gravée en caractères romains et surmontée d'un fer de pique.

L'historien Chéronnet gémissait déjà, en 1840, sur l'état de délabrement de la Mire, qu'une fleur de lys surmontait naguère. C'était l'un des quatre-vingt-seize repères géodésiques qu'on avait résolu d'établir, de distance en distance, de la frontière du Nord aux Pyrénées, projet qui ne reçut qu'un commencement d'exécution.

La Mire montmartroise repose sur un carré de terrain grand comme la main, encaissé entre les étages supérieurs des maisons voisines. Le terrain est clos d'une grille en fort mauvais état.

Tout, d'ailleurs, dans ce suprême coin de Paris, sent l'abandon ; le chemin qui y mène, sentier étroit, difficile à la marche ; le mur de soutien de la grille qui tombe en ruines ; le carré de terrain envahi par les hautes herbes ; la pierre de la pyramide effritée et crevassée en maint endroit ; le fer de pique qui, émoussé et couvert de rouille, penche vers le sol et semble ne plus tenir que grâce à la complicité d'un fil reliant une cheminée de tôle à une maison voisine.

Bref, cette pauvre « mire » en a dans l'aile, ballottée qu'elle est entre M. Debray et l'Observatoire. On prétend même — il ne manquerait plus que cela — qu'elle n'est pas dans l'axe du méridien. Tel était, du moins, l'avis de feu le docteur Gruby, le spécialiste bien connu qui s'était fait construire, à cent mètres de là, à l'angle des rues Lepic et Feuchères, un petit observatoire qui, lui, serait réellement dans la ligne exacte du méridien.

Qui croire ?

Les gens de Montmartre sont exposés à chercher souvent midi à quatorze heures !

DES LAMPIONS... DES LAMPIONS !

C'est plutôt : *Des quinquets !* qu'il faudrait dire Le croirait-on ? Il existe encore à Paris, en cette aube du vingtiéme siècle, une rue — une large et belle rue — éclairée (?) à l'aide de quinquets à l'huile fumeuse : la rue Vergniaud, l'une des voies principales réunissant le boulevard d'Italie à la rue de Tolbiac.

L'huile que brûle la rue Vergniaud coûte annuellement à la ville 2,600 fr. ; par la substitution du gaz à incandescence, l'éclairage ne reviendrait plus qu'à 1,400 fr.

Substituez donc, messieurs les ingénieurs de la Ville ! D'abord, les habitants de la rue Vergniaud y verront plus clair ; et cela fera 1,200 fr. d'économies annuelles...

... De quoi « acheter des châteaux », comme chante George Brown dans la *Dame Blanche.*

EN L'HONNEUR DE BOULLE

Sur le rapport de M. Galli, le Conseil municipal vient de voter mille francs pour l'érection d'un monument en l'honneur d'André Boulle, le maître sculpteur ébéniste du dix-huitième siècle dont on a déjà donné le nom à l'« Ecole du meuble ».

L'honorable conseiller a parfaitement fait ressortir que c'est une gloire pour la France d'avoir produit tant de merveilleux artisans qui out fait école et dont les œuvres sont aujourd'hui recherchées et imitées partout.

André Boulle était l'un des plus grands parmi ces artisans. Il importe donc de lui rendre cet hommage. Nos conseillers ont saisi... la boule au bond et Boulle aura son monument.

Seulement, on ne nous a pas dit s'il sera... sphérique !

AUTOUR DU « PALAIS ROYAL »

Il s'agit de celui du faubourg Saint-Honoré, c'est-à-dire de l'Ambassade d'Angleterre devenue, pendant le séjour du roi Edouard, résidence souveraine, de diplomatique qu'elle est habituellement.

C'est en 1815 que les ambassadeurs de Sa Majesté britannique prirent possession de ce superbe immeuble, ancien hôtel Charost, construit par Mazin, architecte du Roi, pour le compte de M. le duc de Charost, gouverneur de Louis XV dans sa jeunesse.

La princesse Pauline Bonaparte, duchesse de Guastalla, y résida aux belles heures du premier Empire.

L'ambassade d'Angleterre voisine là avec huit ou dix autres demeures princières dont les plus célèbres sont : l'ancien hôtel de la duchesse de Montbazon ; l'hôtel de La Trémoïlle ; l'ancien hôtel Marbeuf, qu'habita Joseph Bonaparte, puis passa au duc d'Albuféra et appartient à M. le comte Pillet-Will ; l'ancien hôtel de La Marck, occupé successivement par l'ambassade de Russie et par la famille Rothschild ; l'ancien hôtel de Guébriant et d'Egmont, aujourd'hui à la famille Pereire ; enfin, l'ancien hôtel d'Aguesseau sur les dépendances duquel vient de s'installer, rue de l'Elysée, la Nonciature Apostolique.

Chacune de ces propriétés a, on le sait, son jardin et sa grille sur l'avenue Gabriel, jadis « chemin des Gourdes ».

... Nous sommes bien là, en plein quartier des « Ambassadeurs » !

———

LE RANELAGH

Il avait été fortement question d'aménager, sur la pelouse du *Ranelagh*, pour l'arrivée du roi d'Angleterre, la gare mobile et démontable qui servit jadis aux souverains russes.

Le roi Edouard s'y serait trouvé tout de suite en pays de connaissance, car ce nom, de sonorité toute britannique, rappelle celui de lord Ranelagh, sur les propriétés duquel fut établi, au temps jadis, à Chelsea, près de Londres, un music-hall fameux.

Notre Ranelagh à nous, fondé à son instar, en 1774, par Morisan, garde de l'une des portes de Boulogne, fut bientôt le rendez-vous de la Cour et de la Ville.

Protégé par Marie-Antoinette, Morisan vit la faveur publique s'attacher à son établissement, jusqu'à ce que la Révolution vînt le forcer à le fermer. Depuis, le Ranelagh a subi des fortunes diverses et a fini par disparaître complètement.

Il n'en reste plus, de nos jours, que quelques belles pelouses bien ombragées, un petit Guignol et, de temps à autre... une jolie gare provisoire pour voyageurs impériaux ou royaux.

PETIT JARDINET

A propos de la Rotonde de la Villette, que les travaux du Métropolitain font trembler sur sa base, rappelons que, dans ses environs immédiats, on pouvait voir naguère, un modeste cabaret, dont la porte de bois portait cette enseigne :

« *Au petit jardinet*. — Lebrun, marchand de vins. »

A première vue, cette échoppe ne disait rien à l'œil du promeneur distrait : elle avait pourtant sa triste page d'histoire.

C'est là que, le 30 mars 1814, se termina la lutte désespérée connue sous le nom de « bataille de Paris ».

Lorsque Marmont, duc de Raguse, envoya au général Compans, qui avait fait des Buttes-Chaumont son dernier centre de résistance, l'ordre de tenter une négociation, c'est au cabaret du « Petit Jardinier » que M. de Quélen, son aide de camp, ramena du château de Bondy, quartier général des Alliés, le comte de Nesselrode, leur plénipotentiaire.

Marmont y vint à cinq heures pour signer l'armistice en vertu duquel l'armée française devait évacuer Paris.

C'était la fin d'un règne...

LA « PYRAMIDE » DE VINCENNES

C'est au pied de la « Pyramide » que les troupes de cavalerie sont allées se masser, une fois la revue de Vincennes terminée, pour rendre les honneurs au roi d'Angleterre.

Cette pyramide, on l'ignore peut-être, fut érigée là — un rond point où aboutissaient neuf routes — en l'honneur de Louis XV.

A cette époque, le bois de Vincennes, abandonné depuis longtemps, était presque complètement dénudé et, pour ainsi dire, en friche. Louis XV décida sa transformation totale et en confia le soin à Alexandre Lefèvre, grand maître des eaux et forêts, l' « Alphand » de l'époque...

On traça des routes nouvelles ; on refit des plantations ; on sema partout des glands — ils ne provenaient pas, hélas ! de l'arbre sous lequel Saint-Louis rendait si bonne justice — glands qui sont devenus les chênes de la « forêt » actuelle. Le tout afin de rendre « les promenades du bois de Vincennes plus agréables aux habitants de la bonne Ville de Paris », suivant les termes d'une plaque commémorative apposée sur la pyramide pour indiquer la pensée qui avait présidé à ces embellissements.

Et, du haut de cette pyramide, cent cinquante ans ont contemplé nos troupes...

FLEURS NOUVELLES : VIEILLES PIERRES

MM. les jardiniers de la Ville sont sur les dents et partout l'on procède, en ce moment, à la toilette d'été de nos jardins et de nos squares. Aux maigres giroflées de mars, aux tulipes et aux jacinthes, que les intempéries de cette saison maussade ont si mal traitées, vont succéder — à défaut de « bougainvilléas », la fleur tant à la mode — des plantes plus résistantes : géraniums, fuschias, héliotropes, bégonias simples ou doubles, «semperflorens» ou autres...

La décoration florale du « square des Tuileries », que l'on a aménagé sur l'emplacement du palais de nos Rois et de nos Empereurs, sera particulièrement soignée. Nous sommes là à deux pas du pavillon de Flore et, dame !... voisinage oblige.

Tous les parterres seront refaits, les gazons rafraîchis, et autour des colonnes « milliaires », surmontées de globes dorés, qui se dressent çà et là dans le jardin, de beaux massifs, dessinés en forme d'étoiles, recevront des profusions de fleurs. Ce sera d'un effet nouveau et charmant... Mais ici un rapprochement s'impose.

On sait, sans doute, que ces colonnes « milliaires », proviennent de l'ancienne grille des Tuileries, dont elles servaient à séparer les travées en bordure de la place du Carrousel. Lors de l'adjudication des ruines des Tuileries, le 15 février 1889, tandis que la grille elle-même était achetée moyennant la somme de 8.600 francs, par le prince Stirbey, qui en orna le parc de son château de Bécon, les colonnes restèrent pour compte à l'Etat, qui en fit des sujets d'ornementation pour le nouveau square.

Les fleurs dont on les entoure aujourd'hui, passeront ; les vielles pierres demeureront et, avec elles, tous les souvenirs qu'elles évoquent...

LA GARENNE DES TUILERIES

Aux Tuileries?... Parfaitement. Une vraie garenne, avec de vrais lapins...

Sauval nous en a donné la description : c'était une « plaine aride et dénudée où l'on entretenait des bêtes sauvages pour le plaisir de Sa Majesté ».

Le dernier Roi qui y chassa fut Louis XIII, et la « garenne royale » figure encore sur le plan de Gomboust, en 1632.

Sur le tard, le Roi la donna à Regnard, valet de chambre du commandeur de Souvré, à la condition de la défricher et de la remplir de fleurs. Le » Jardin de Regnard » devint un cabaret célèbre.

Lors de l'agrandissement du jardin des Tuileries, en 1665, Le Nôtre fit main basse sur la garenne, l'aménagea en terrasse, et l'Orangerie actuelle, qui sert de vestibule et de Salon à l'annuelle exposition canine, marque exactement l'emplacement de l'ancienne « garenne royale ».

Après la garenne, le chenil. Après les lapins, les chiens...

C'est dans l'ordre.

———

LA MAISON D'ASMODÉE

Oui, en plein Paris, à l'angle des rues Saint-Honoré et des Pyramides. Une maison, telle qu'Asmodée les aime : nul n'ignore ses goûts et chacun sait qu'il soulève les toits pour voir ce qui se passe à l'intérieur.

On lui a facilité son plaisir. La maison de la rue des Pyramides n'a pas de toit — elle n'a pas d'étages. Percée à jour et pourtant debout, on dirait qu'un feu interne l'a ravagée. En un mot on l'a, non pas démolie, mais vidée en quelque sorte, et l'on n'a pas touché aux façades extérieures qui, avec leurs fenêtres, leurs balcons et leurs ornementations, restent intactes.

La raison de cette bizarrerie, qui gêne si fort la pioche du démolisseur ? Les constructions de la rue des Pyramides sont soumises à une servitude en vertu de laquelle leurs façades ne peuvent être modifiées sans l'agrément de l'Etat. Et cela en vertu d'un texte fort peu connu, malgré sa signature, et dont voici le libellé :

« Paris, le 17 vendémiaire an X de la République :

« Les bâtiments du pavillon de Médicis, les écuries dites de *Monseigneur* et de la maison des Pages, seront détruits. Sur leur emplacement sera ouverte la rue des Pyramides. Les terrains en bordures seront vendus à charge de bâtir sur les *plans et façades donnés par l'architecte du gouvernement.*

« Le Premier Consul. *Signé :* BONAPARTE »

Comme compensation, les acquéreurs furent exemptés pendant trente ans, de la contribution foncière. Il en fut de même, on le sait, pour les immeubles bordant la rue de Rivoli, depuis le Louvre jusqu'à l'Hôtel de l'*Infantado*, aujourd'hui Hôtel Rothschild.

Un dernier détail : la maison « d'Asmodée » fut habitée, de 1850 à 1859, par Paul de Musset et l'immortel chantre des *Nuits* y fréquenta assidûment.

L'AMBASSADE D'ITALIE
(*Octobre 1903*)

A l'encontre de ce qui s'est passé pour le roi d'Angleterre, l'ambassade d'Italie n'est pas devenue, au cours du séjour du roi Victor-Emmanuel, « palais royal », puisque c'est au ministère des affaires étrangères, on le sait, que le roi d'Italie a reçu l'hospitalité française.

L'hôtel de l'Ambassade — rue de Grenelle — dont les beaux jardins s'ouvraient jadis au n° 84 de la rue du Bac et dont la façade est précédée d'un vaste péristyle et d'une belle colonnade de l'ordre ionique, fut édifié pour le compte du président Talon ; le premier ambassadeur envoyé par Philippe V à la cour de France s'y installa ; c'est là que mourut, en 1711, le duc d'Albe.

Il fut connu plus tard sous le nom d'hôtel de « M. l'envoyé de Suède » et passa dans les mains de la famille de Galliffet, qui le conserva jusqu'à la Révolution. Sous la première république, l'hôtel devint le siège du ministère des « relations extérieures ».

Depuis 1894, l'ambassade d'Italie a pris possession de ce bel immeuble, voué, on le voit, aux destinées diplomatiques, et qui, entre temps, abrita les familles de Godefroy-Ménilglaise, d'Imécourt et de Courval.

—————

VOIE « HÉROIQUE... »

Le Conseil général a voté l'ouverture d'une grande voie de communication qui partira d'Arcueil, traversera la plaine de Longboyau en contournant le fort des Hautes-Bruyères et aboutira à L'Hay, au pied du monument commémoratif érigé au lendemain de nos malheurs. C'est là que se déroulèrent, en effet, au cours de l'Année Terrible, deux des épisodes les plus mémorables de l'histoire du siège de Paris.

Le 23 septembre 1870, la brigade de Maud'huy enleva la redoute des Hautes-Bruyères d'où l'ennemi s'efforça en vain, par deux fois, de la déloger. Le lendemain, le général Guilhem trouva la mort en essayant de s'emparer du village de L'Hay où les Prussiens s'étaient solidement retranchés et où les braves mobiles de la Vendée et de la Côte-d'Or firent des prodiges de valeur.

Deux mois plus tard, le 30 novembre, la division

Vinoy attaqua de nouveau les positions de L'Hay ; les mobiles du Finistère, sous les ordres du général Valentin, s'emparèrent du cimetière et des premières maisons du village, mais, après dix heures de lutte héroïque, nos troupes durent se replier...

... Et voilà la glorieuse poussière que va soulever la voie nouvelle !

———

LION EN CAGE...

Aimez-vous le « trolley » ? On en mettra partout !... et cela malgré le *tolle* à peu près général que soulève ce disgracieux appareil qui dégrade nos monuments et détruit les plus belles perspectives parisiennes.

Son dernier méfait va se perpétrer — si l'on n'y prend garde — autour du Lion de Belfort. Le rond-point sur lequel se dresse glorieusement le monument de Bartholdi est, on le sait, le croisement d'un grand nombre de lignes de tramways pour lesquelles l'établissement du « trolley » est demandé ; il en résultera un inextricable fouillis de fils aériens — telle une immense toile d'araignée — qui enfermeront de toutes parts le lion héroïque. Le Lion de Belfort aura l'air d'être en cage... et ce sera grand dommage pour un lion qui a su si bien montrer ses griffes, là-bas, bien loin, du côté de la trouée des Vosges !

SI LE PRINCE AVAIT VOULU

Au sujet du musée de Cluny, dont M. Haraucourt vient, en dépit des verrous, chaînes, ceintures et serrures... de sûreté qui y foisonnent, de forcer les portes pour prendre en main le sceptre des du Sommerard, des Darcel et des Saglio, d'aucuns se rappellent peut-être le projet grandiose qui fut, en 1851, soumis au Prince-Président par l'architecte Albert Lenoir et que les événements politiques firent oublier.

Il ne s'agissait rien moins que de réunir par des jardins et des galeries à arcades les Thermes, Cluny, le vieux couvent et le marché des Célestins.

Ce projet d'ensemble ne sourit pas à Louis-Napoléon et s'ensevelit dans les cartons préfectoraux ; le couvent des Célestins fit place au théâtre de Cluny et, de l'autre côté, tout fut sacrifié à l'axe du nouveau boulevard Saint-Michel.

Si l'idée d'Albert Lenoir avait été suivie, les étudiants eussent été privés de leur théâtre de prédilection et ils n'auraient pu déployer sur le « *Boul-Mich* », aux jours de manifestations, leurs impressionnants monômes...

Le pittoresque y aurait perdu, mais l'archéologie y aurait gagné.

Mais voilà ! le Prince ne voulut pas.

Étudiants, ribauds et ribaudes, bacheliers et gentes « bachelettes » lui doivent un beau cierge !

ECHO SUR UN « ECHO »

Le concours annuel de « l'Union des Sociétés d'instruction militaire de France » vient de s'ouvrir aux Tuileries. C'est dans la grande allée bordée par les quinconces de tilleuls et de marronniers, dont quelques-uns furent plantés par Le Nôtre, qu'ont eu lieu, devant le Président de la République, ces intéressantes « joutes » militaires.

La « Grande Allée » servit jadis à des distractions d'un tout autre genre. C'est là que se donnait, au temps du Grand Roi, le plaisir — quelque peu tombé en désuétude — de l' « Echo ». On se plaçait au milieu de l'allée ; on parlait à haute voix et « grâce à une muraille haute de deux toises, dit Sauval, arrondie en demi-cercle de vingt-trois toises » — elle occupait l'emplacement exact du bassin octogone de la grille de la Concorde — les sons répercutés revenaient à leur point de départ pour le plus grand plaisir des élégantes mondaines

de l'époque, qu'amusait fort ce petit jeu inno-
cent...

Tout jardin qui se respectait avait jadis son
« Echo », comme son Labyrinthe. Fontainebleau
avait le sien ; Versailles de même — ce dernier se
trouvait à l'extrémité du « Jardin du Roi » et, fait
curieux, la dénomination de l'avenue qui longe ce
jardin a perpétué jusqu'à nos jours le souvenir de cet
« Echo » disparu : on la désigne encore sous le nom
d' « allée des Ha-Ha... »

Voici donc, pour deux « Echos » perdus, un
écho... retrouvé.

VIEILLE CASERNE

Il nous faut porter à l'actif de l'édile modèle et de l'érudit vice-président de la Commission du Vieux-Paris, M. Quentin-Bauchart, une proposition, accompagnée d'un rapport très documenté de M. le docteur Lescudé, tendant à la démolition de la caserne de la rue de Penthièvre qui n'est pas dans les conditions de salubrité voulues et ne répond plus aux exigences de l'hygiène moderne.

C'était l'une des dernières survivantes des dix casernes d'un ordonnancement uniforme et construites sur le même plan, dont le maréchal de Biron dota Paris vers 1770.

La caserne de la rue « Verte » fut affectée au logement de trois compagnies de gardes françaises. Elle était entourée de beaux jardins et de verdoyants ombrages — d'où l'ancien nom de la rue de Penthièvre — servant de fond aux superbes hôtels de la rue de la Pépinière prolongée (aujourd'hui rue de La

24.

Boétie), dont un seul est arrivé jusqu'à nous : l'hôtel Branicki où se tint, il y a une quinzaine d'années, le Bazar de la Charité.

Les autres ont disparu ; parmi eux l'hôtel Pajou, œuvre et résidence du grand sculpteur, et un grand bâtiment, pseudo-Renaissance, tout orné de bustes, de festons et d'astragales, qui abrita, au lendemain de la guerre, celui qu'on appelait le « Vice-Empereur », M. Rouher, alors député de Riom...

La caserne qui va tomber avait pour voisine mitoyenne la maison qu'illustra le séjour de Franklin en 1775 et qu'habita Lucien Bonaparte avant le 18 brumaire.

DANTON CONTRE DANTE

Le Conseil municipal vient de résoudre la grosse question de la ligne métropolitaine n° 4, destinée à relier Montmartre et Montrouge — on aurait pu la dénommer ligne des « Deux Monts » — dite « Transversale Nord-Sud ».

L'Institut ayant réussi à détourner le calice d'amertume... et la ligne qui devait primitivement passer sous ses caves, une lutte homérique s'est engagée à l'Hôtel de Ville entre les partisans du tracé par Notre-Dame et la rue du *Dante* et ceux qui voulaient le faire passer par la place Saint-Michel et la rue *Danton*.

Finalement, ceux qui en tenaient pour la rue du Dante — les « dantistes », suivant le mot de M. Duval-Arnould — ont mordu la poussière, et ce sont les dantonistes qui l'emportent...

... Question d'audace, sans doute ?

Dame ! pour des partisans de Danton...

FOLIES MARIGNY !...

Le petit théâtre des Champs-Élysées fait beaucoup parler de lui — beaucoup trop, hélas ! — depuis quelque temps et le pénible accident de ces jours derniers n'a pas fait oublier la catastrophe terrible qui, il y a quelques mois à peine, coûtait la vie à M. René Piault, le regretté conseiller municipal de la Chaussée-d'Antin...

Bien moins douloureuses furent les premières pages de cette petite scène où d'aucuns de nous se rappellent avoir vu débuter Thérésa, dans la *Vénus aux Carottes,* alors que le sceptre directorial était tenu par Montrouge, propre neveu de Gozlan, le « Roi des Compères » passés, présents et à venir...

Vers la fin de l'Empire les Folies-Marigny subirent une éclipse et leur salle était fermée lorsque se produisit, à ses alentours, une violente échauffourée au retour des obsèques de Victor Noir.

Pendant le Siège le théâtre fut converti en ambulance. Il rouvrit en 1872 et cela nous valut, sous le titre de *Folies-Marigny* — musique de Madame Ugalde, — l'une des plus charmantes pièces d'Albert Glatigny, le poëte des *Vierges folles* et des *Flèches d'Or* dont M. Jules Claretie rappelait naguère cette strophe fort peu connue :

> Et quand j'atteindrai le bout de la voie
> Énivré d'espace et plein d'univers,
> Je mourrai, le cœur débordant de joie,
> Murmurant encore une fin de vers !

M. Claretie ajoutait que Glatigny était « tombé en poëte comme d'autres tombent en soldats » ...
Pauvre Glatigny ! Tristes « Folies » !

LES « DEUX EMPEREURS »

Que l'on se rassure ! Cet écho n'a rien de politique... l'*Aiglon*, lui-même n'a rien à y voir. Il s'agit tout simplement de la jolie goélette granvillaise, aux trois mats élancés, qui vient de s'amarrer sur la Seine, un peu en dessus du pont de Saint-Cloud.

Sur la poupe du gracieux navire, habitué à des « coups de lames » plus profonds que ceux de la Seine, on lit cette inscription :

DEUX EMPEREURS

Granville

La goélette figura jadis à l'Exposition de 1900 et, après avoir louvoyé pendant quelque temps entre le pont de l'Alma et celui de la Concorde, elle a fini par trouver un abri définitif dans le « port » de Suresnes. Désormais elle battra le pavillon du *Yacht-Club* et servira de « tribune » pour le jury chargé de présider les futures joutes nautiques qui se donnent, en rivière, derrière les tribunes de Longchamps.

La traversée des ponts, du Hâvre au quai d'Orsay, et retour à Suresnes, n'a pas été chose aisée ; il a fallu démâter la goélette. Maintenant qu'elle est arrivée au port, on lui a rendu ses mâts, ses vergues et ses haubans.

... Enfin, on a « monté le bateau ».

PARIS VILLE D'EAUX

A la recherche d'une bonne cure. — « Préactions » et réactions. — La découverte de l'abbé Le Ragois. — D'Auteuil à Passy. — Eaux mises en verres, et... en vers. — La dyspepsie de Jean-Jacques. — Deux lignes de ses Confessions. — Franklin. — A la voile pour New-York. — Les Ternes. — Emma Livry. — Montmartre. — Les Fontaines de Saint-Denis et du Buc. — Contre le choléra. — Problème hydrologique.

Dès que sonne la mi-juin, Paris se vide ; les volets se ferment aux façades des plus aristocratiques demeures, tandis qu'aux alentours des gares on ne voit qu'interminables théories d'omnibus multicolores pliant sous le fardeau des colis qui s'empilent sur leurs « impériales ».

Quels sont les coins de terre privilégiés — Divonne aux eaux divines, Luchon ou Vichy ; —

quels sont les « petits trous très cher » qui vont hériter de cet exode à peu près général ? Nous l'ignorons, mais le fait est là. Qui donc peut se targuer de n'avoir pas un vieux *bobo* à soigner, une vieille douleur dont le moment est venu de calmer les lancinantes agaceries, ou encore une jeune neurasthénie à enrayer ?... Aux heureux de ce monde, à ceux « qui n'ont rien », le *changement d'air*, — cette « dernière cartouche » des médecins en mal de diagnostic — fera toujours du bien.

Et voilà pourquoi votre fille est muette...

Voilà pourquoi tout le monde s'en va.

Nos pères, ceux du tout Paris du temps jadis, étaient d'humeur moins voyageuse. Avaient-ils à « prendre les eaux » ? Ils pouvaient, presque sans sortir de la capitale, satisfaire aux prescriptions les plus variées de la Faculté. Auteuil, Passy, les Ternes, Montmartre leur fournissaient, sous ce rapport, toutes les satisfactions désirables.

A Auteuil, les maux que l'on traitait, sur les bords charmants d'une source découverte en 1628, étaient : l'inappétence, les maux d'estomac, les engorgements du foie et de la rate, les palpitations de cœur. On s'y trouvait également bien dans les convalescences longues et difficiles.

C'est au mois de juin que la foule des habitués de la source d'Auteuil se pressait dans les jardins avoisinant la fontaine minérale. La plupart venaient de Paris le matin. Puis après avoir bu ou s'être baigné chacun s'en retournait à ses affaires ; quelques-uns faisaient même le chemin à pied, aller et retour... On connaissait donc déjà les merveilles de la « préaction » et de la « réaction » !

Il en était encore ainsi il y a une quarantaine d'années. Mais les derniers baigneurs d'Auteuil ont disparu... quoique la source existe toujours non loin de la croisée des rues de la *Source*, des *Fontaines* et de la *Glacière*, aux appellations caractéristiques.

On l'a captée, la pauvre source, et elle ne se débite plus qu'en bouteilles « estampées » sur place.

La découverte des « Eaux » de Passy fit perdre à celles d'Auteuil une partie de leur vogue et de leur clientèle.

Les nouvelles venues furent trouvées, en 1719, par l'abbé Le Ragois dans un ancien clos de vignes situé entre la rue Basse (aujourd'hui Raynouard) et la Seine.

La Faculté, ayant été appelée à donner son avis déclara : « Que les eaux de cette fontaine, ferrugi-« neuses, arsenicales et balsamiques étaient propres « à calmer toutes les intempéries abdominales (*sic*). »

Cet avis fit à la fois la fortune de l'abbé Le Ragois et de Passy ; les malades accoururent en foule ; chacun se découvrit une petite « intempérie » et on ne trouva bientôt plus à se loger dans le quartier. Des maisons, des hôtels, des villas — même des châteaux — s'élevèrent à l'entour. Il devint de bon ton d'aller aux « Eaux de Passy » qui furent bientôt louées en vers ou en prose — les frères Vaissier, du « Savon du Congo », non plus que le Quinquina Dubonnet, n'ont rien inventé — notamment par Panard. Dans les *Fêtes Galantes*, ballet représenté avec le plus grand succès, le 30 juillet 1736, on trouve l'éloge des eaux de Passy qui avaient déjà fourni le sujet de plusieurs romans (1). Jean-Jacques

(1) Naquet a écrit deux comédies sur les Eaux de Passy, intitulées : l'une, *L'Heureuse Méprise* ou les *Eaux de Passy*, 1760 ; l'autre, les *Eaux de Passy* ou *les Coquettes à la mode* 1761. En 1724, les marionnettes du sieur Bienfait avaient représenté à la foire Saint-Germain une pièce des *Eaux de Passy*.

M. Quillet a cité encore un ouvrage en deux volumes, par Lasalle, *Les Amusements de Passy*, in-12. (Paris, Poinçot, 1787).

lui-même suivit la foule. Il vint à Passy pour se débarrasser d'une dyspepsie. Il ne s'y guérit pas d'ailleurs ; mais... il y commença le *Devin du Village*.

« Le matin, écrit-il dans ses *Confessions*, en me promenant, en prenant les eaux, je fis quelques manières de vers très à la hâte, et j'y adaptai des chants qui me vinrent. Je barbouillai le tout dans une espèce de salon voûté qui était au haut du jardin... Les trois morceaux que j'avais esquissés étaient, le premier monologue : *J'ai perdu mon serviteur ;* l'air du devin : *L'amour croît s'il s'inquiète,* et le dernier duo : *A jamais, Colin, je t'engage* ».

Après J.-J. Rousseau, Franklin vint aussi prendre les eaux de Passy. Il captiva tellement l'amitié de Leveillard, alors directeur de l'établissement, que celui-ci, qui était en outre syndic de la commune, n'ayant pu se résoudre à se séparer de l'ambassadeur américain, le suivit aux Etats-Unis.

Tout ce beau monde n'est plus, mais les cinq sources de Passy continuent de débiter, sous une délicieuse futaie d'ormes et de marronniers séculaires, leurs eaux cristallines, qui, d'ailleurs, ne sont plus exploitées.

*
* *

Les eaux minérales des Ternes n'eurent qu'une vogue éphémère. Jaillissant au milieu d'une propriété de la rue Demours, non loin du « château » où la malheureuse Emma Livry, l'étoile du *Papillon*, — aux temps lointains de l'Opéra de la rue Le Peletier — mourut brûlée vive, elles se contentent de faire l'ornement d'une jolie pelouse autour de laquelle s'ébattent les non moins jolies pensionnaires d'une institution de Demoiselles... tout près d'un châlet qu'habita longtemps l'un des rois du reportage : Ch. Chincholle, du *Figaro*. Il n'y a pas autre chose à en dire ; mais pour Montmartre c'est différent.

*
* *

Sur le versant ouest de la « Butte », voici d'abord la fontaine Saint-Denis ; c'est là que, suivant une pieuse tradition, le premier évêque de Paris, décapité, s'arrêta un instant pour étancher le flot de sang qui coulait de sa tête vénérée... Le R. P. Léon, dans la *France convertie*, parue en 1661, affirme que l'eau de cette source avait la vertu de guérir les fièvres.

La fontaine du Buc, que Gérard de Nerval a chantée dans sa *Bohême Galante*, était située non loin de la précédente. Dès le IIIe siècle, ses eaux alimentaient les bains d'une « villa » gallo-romaine dont quelques ruines se voyaient encore, il y a une soixantaine d'années, dans un enclos planté de vignes. L'eau de la fontaine du Buc avait des propriétés curatives merveilleuses et l'on cite plusieurs cas de guérison du choléra, opérés par elle, lors de l'épouvantable épidémie qui décima Paris en 1849. Cette source bienfaisante a été « aveuglée » il n'y a pas bien longtemps et sur son emplacement on a édifié... un kiosque lumineux !

Disparues également les sources de la *Bonne-Eau* et de la *Fontenelle* situées, celles-là, au nord-est de la « Butte ». Après avoir guéri des générations entières de malades, elles ont fini misérablement : c'est à ces sources que s'alimentaient les bassins de feu le *Château-Rouge*, de galante mémoire.

Les hydrologistes prétendent que les eaux du vieux Montmartre, absorbées et détournées par l'exploitation des carrières à plâtre de la butte, sont allées se perdre dans les nappes profondes qui ont donné tant de « fil à retordre » aux architectes du Sacré-Cœur et qui, transformées en véritables rivières, se retrouvèrent jadis lors des fondations de

Notre-Dame de Lorette, de la Trinité et de l'Opéra...
Nous ne nous chargerons pas de résoudre ce problème
aquatique et nous nous bornerons à déplorer que
les Naïades parisiennes aient évolué loin, bien loin,
ne laissant, en fait d'eaux, aux infortunés habitants
de la capitale, que celles de la Seine qui, on l'avouera,
au point de vue de la thérapeutique, laissent quelque
peu à désirer...

RÉSIDENCES IMPÉRIALES

A propos de la mort de la « Bonne Princesse ». — Rue de Courcelles. — Le Marquis Delorme et le « Baron » Thiers. — Saint-Gratien. — Catinat. — Le Comte de Luçay. — Visites napoléoniennes. — Le dernier sommeil. — Rue de Berry. (Janvier 1904).

Rue de Courcelles, Saint-Gratien, rue de Berry... telles sont les trois résidences entre lesquelles, pendant plus d'un demi-siècle, se partagea l'existence de la « Bonne Princesse » qui vient de mourir.

L'hôtel de la rue de Courcelles avait l'apparence d'un charmant *cottage*, avec de beaux arbres, tout empreint de villégiature. Il était situé au point de section du boulevard Haussmann, un peu au-dessous, en face de l'ancienne Légation de Danemark, longtemps occupée par la Princesse Lise Tronbetzskoy.

Il avait été construit par Delorme, avocat au Parlement, un homme détaché des grandeurs de ce monde qui ne voulut jamais porter le titre de marquis dont il avait été pourvu, pas plus que M. Thiers ne consentit jamais à joindre à son nom le titre de baron, qui lui avait été conféré par un brevet parfaitement en règle.

A Delorme succédèrent le marquis de Tamisier, son gendre ; le général Herréra, ancien président de la République du Pérou ; enfin la reine-mère d'Espagne, Marie-Christine.

A peine arrivé à la Présidence, le prince Louis-Napoléon en fit l'acquisition pour la somme de 800,000 francs, et en dota sa cousine qui s'était installée provisoirement, au lendemain du Deux-Décembre, au n° 12 de la même rue de Courcelles.

A Saint-Gratien, on le sait, S. A. I. la Princesse Mathilde-Lœtitia-Wilhelmine, fille de Catherine de Wurtemberg et du roi Jérôme devenu, en 1816, comte de Montfort, occupait le beau château de Catinat qu'elle avait acquis, en 1857 de Péligot, lequel y avait remplacé Madame la comtesse de Luçay dont les salons étaient si recherchés, tant ceux de Saint-Gratien que ceux du charmant hôtel, à colonnettes et à fronton grec, qu'elle avait fait construire à l'angle des rues de Ponthieu et d'Angoulême-Saint-Honoré, aujourd'hui rue de La Boëtie.

La terre de Saint-Gratien qui comportait alors un parc de 250 hectares — elle en compte à peine deux actuellement — et dont le lac d'Enghien faisait partie, était tenue par Catinat du chef de son bisaïeul maternel, conseiller au Parlement sous Henri III.

C'est là que le guerrier, chéri de ses soldats qui l'avaient surnommé le *père La Pensée,* c'est là que le héros de Staffarde et de La Marsaille se retira lorsqu'il vint à tomber en disgrâce, pour y vivre en sage, s'occupant de jardinage... Il y mourut le 25 février 1712.

M. le comte de Luçay fit, au début du siècle dernier, restaurer le château de Catinat et en construisit un autre, dit le *Château-Neuf,* tout à côté.

Préfet du palais, M. de Luçay reçut souvent, à Saint-Gratien, la visite de l'Empereur. Qui sait si, en daignant accepter l'hospitalité de son préfet, Napoléon, qui devinait tout, n'avait pas prévu que ce château deviendrait quelque jour la résidence de sa nièce ?... Le séjour de l'Empereur à Saint-Gratien fit du bruit ; il n'en fallut pas davantage pour que les sénateurs, les généraux, les hauts dignitaires de la Couronne vinssent demander tour à tour quelques heures d'hospitalité au nouveau seigneur, dont l'affabilité était d'ailleurs, légendaire. Celui qui y fréquenta le plus assidûment fut le maréchal Exelmans.

M. de Luçay, au reste, avait des relations intimes avec la plupart des personnages marquants de cette « Iliade » napoléonnienne qui, précisément, dura dix ans... comme le siège de Troie ! Madame la comtesse de Luçay était la première Dame d'atours de Marie-Louise ; sa fille avait épousé M. le général comte de Ségur, l'un des héros de la campagne de Russie et dont la belle-fille, née Rostopchine, devait amuser et amuse encore, en ses recueils charmants de la « Bibliothèque Rose », tant de générations enfantines pour lesquelles l'*Auberge de l'Ange Gardien*, les *Deux Nigauds* et les *Malheurs de Sophie* constituent autant de livres de chevet...

*
* *

Le château reconstruit par M. de Luçay, qu'on aperçoit de tous les points de la vallée, était, dans le principe, orné d'un péristyle avec des colonnes de l'ordre corinthien, ce qui lui donnait l'aspect d'un temple grec ; mais ces colonnes, trop lourdes pour l'édifice, avaient un inconvénient, elles interceptaient la lumière. La princesse Mathilde les a fait abattre et les a remplacées par une élégante marquise en même temps qu'elle réunissait le *Château-Neuf* au château de Catinat par une galerie d'un bel ordonnancement architectural.

Trois entrées s'ouvrent sur ce beau domaine qui, au sortir des plaines arides et désolées d'Epinay et de Sannoy, constituent une véritable oasis de fraîcheur et de verdure. L'une est au sud, au milieu d'une superbe grille en fer placée devant la façade du château de Catinat ; l'autre, à droite, tenant au *Château-Neuf*. La troisième donne accès sur l'avenue de Soisy et conduisait, à travers l'ancien parc de Saint-Gratien, à l'embarcadère privé que S. A. I. s'était fait aménager sous le second Empire.

Le bon goût des dispositions, l'élégance de l'ameublement, l'heureux choix des objets d'art, les magnificences de la vue, la pureté de l'air qu'on y respire faisaient de Saint-Gratien — sans parler des souvenirs familiaux qui s'y rattachaient pour la princesse Mathilde — un séjour délicieux que Son Altesse quittait toujours avec regret.

Elle dort maintenant son dernier sommeil sous les voûtes de l'église modeste du village, à côté du vainqueur de Staffarde...

L'hôtel de la rue de Berry, où la Princesse s'installa au lendemain de la Guerre, avait appartenu à la Maréchale Gérard, à M. le marquis de l'Aigle et à Madame la Duchesse de Lesparre. Il avait été construit pour Madame de Montesson, tante de la comtesse de Genlis. Lorsque l'éducation des enfants du duc d'Orléans fut confiée aux soins de sa nièce, Madame de Montesson lui en fit présent. Il fallait du bon air pour les jeunes princes et l'on n'en pouvait trouver de meilleur, à Paris, que dans les jardins de l'ancienne pépinière du Roi, à travers lesquels la rue de Berry s'était fait un passage, non loin du grand parc des « Folies de Chartres » — notre actuel parc Monceau — beaucoup plus étendu qu'il l'est actuellement et qui appartenait à leur père.

Et désormais, pour remplacer sur les registres des cotes foncières parisiennes le nom de la « Bonne Princesse », figureront ces deux mots: Général Bonaparte...

LES « FAUBERTS » DE M. LE PRÉFET...

Il a couru — il court encore — au sujet de la solidité préfectorale de M. Lépine des bruits qui ont inquiété bien des gens... sauf le préfet lui-même !

Toujours est-il que notre actuel lieutenant de police aime à aller de l'avant et à livrer des batailles qui sont pour lui autant de victoires.

Après ses agents cyclistes, ses « plongeurs », sa flottille automobile, son *salvage corps*, il lui fallait des « fauberts ». On vient de les lui accorder, et pour sept mille francs, encore.

Des fauberts ? direz-vous. *Qués aco* et à quoi bon ?

Ce sont, nous dit le précieux Larousse, des « petites brosses à crins très durs ». C'est le complément nécessaire de l'outillage du *corps de sauvetage* en question, dont le rôle, on le sait, est de.

Réparer des pompiers le réparable outrage

lorsque les « chevaliers de la lance » se laissent aller à corriger un peu trop inconsidérément par l'eau les dégâts commis par le feu...

M. Lépine aura donc ses « fauberts ».

Espérons qu'ils ne seront pas pour nous, la... flèche de Parthe !

QUATRAIN FINAL

De nombreuses pétitions se couvrent en ce moment de signatures, dans le quartier de l'Arsenal, en vue d'obtenir un débouché sur la place des Vosges pour l'impasse Guéménée qui servait jadis d'« avenue » au bel hôtel de Rohan-Guéménée lequel s'ouvrait sur ladite place, alors dénommée *Royale*, où Victor-Hugo résida de 1833 à 1848 et que l'on a converti récemment en « Musée du Poète ».

C'est l'un des coins les plus curieux de notre vieux Marais qui, hélas! s'en va jour par jour en morceaux.

Dans son si intéressant « Guide à travers le Vieux-Paris », le très érudit et très aimable marquis de Rochegude place en bordure de l'impasse Guéménée le couvent des Filles-de-la-Croix dont les numéros 4 et 8 actuels marquent l'emplacement.

C'est contre ces bâtiments conventuels que la voie

nouvelle va se frayer un chemin, à travers un jardin dépendant aujourd'hui d'un « groupe scolaire » et qui fut celui de « la Belle des Belles » : Marion de L'Orme.

Marion de L'Orme, qui mourut si misérablement en 1650, après avoir joué dans les troubles de la Fronde le rôle que l'on sait et dont le corps fut, pendant plusieurs heures, exposé sur son lit de mort où les Parisiens, par milliers, vinrent l'admirer une dernière fois.

Marion de L'Orme, dont, dans sa *Muse Historique*, Loret a écrit ceci :

> La pauvre Marion de L'Orme
> De si rare et plaisante forme,
> A laissé ravir au tombeau
> Son corps si plaisant et si beau...

Marion de L'Orme sur qui Hamilton a conté la jolie aventure dont M. de Grammont fut le héros heureux.... aux dépens de ce pauvre duc de Brissac !

TABLE DES MATIÈRES

Par ordre alphabétique

A

C

D

E

H

L

S

Victor Hugo.
  L'un de ses mots.......................... 56
  Sa vareuse bordelaise....... 154
  Ce qu'il a dit de la mort de son fils Charles... 155
  N'aimait pas les architectes.................. 250
Vieilles lunes politiques.
  A propos d'un cinquantenaire.................. 89
  Cette bonne Madame Flocon.................. 91
  Une fête qui se noie.......................... 92
Vignoble de Montmartre (Le).
  A quoi il est réduit maintenant................. 26
Villemot.
  Ce qu'il disait de l'avenue du Bois-de-Boulogne.. 20
Visconti (Rue).
  Menacée d'expropriation....... 230
  Ses vieux Hôtels............................ 231
. Voie triomphale (La).
  Ce qu'on désigne ainsi........................ 92
Voyage à Saint-Cloud.
  Par terre, par eau et par air ; de Néel à M. Santos-
  Dumont................................... 160

W

Waldeck-Rousseau (M.).
  Propriétaire. 74
  Aquarelliste................................ 158

AUXERRE-PARIS. — IMPRIMERIE A. LANIER.